AF452925

COQUILLES

TERRESTRES ET FLUVIATILES

RECUEILLIES PAR

M. LE PROF. BELLARDI

DANS UN VOYAGE EN ORIENT

PAR

ALB. MOUSSON.

ZURICH.

IMPRIMERIE DE ZURCHER ET FURRER.

1854.

Monsieur le Prof. Bellardi de Turin ayant visité en 1852 plusieurs points de l'Orient, en a rapporté une série de coquilles terrestres et fluviatiles, qu'il a eu la bonté de me confier avec l'autorisation d'en faire usage pour l'avancement de la science. Je ne crois pouvoir mieux répondre à l'intention de mon honorable ami et mieux justifier sa confiance qu'en publiant un catalogue raisonné de ces coquilles.

Bien que la Malacologie n'ait pas formé le but principal de ses recherches, M. Bellardi recueillit cependant avec soin tous les objets que ses différentes excursions mirent sous sa main et en porta ainsi le chiffre à près de 90 numéros. A la vérité cette petite collection ne peut aucunement prétendre à servir de base à un Prodrome proprement dit; à cet effet elle est beaucoup trop incomplète, ne se rapportant qu'aux 6 points différents, où M. Bellardi se trouva appelé à séjourner quelque temps. Néanmoins elle contient plusieurs espèces et variétés nouvelles qui méritent d'être connues et parmi lesquelles on peut surtout mentionner celles qui proviennent du terrain, encore peu exploité, de l'île de Cypre. Elle gagne de plus en intérêt par l'indication consciencieuse du lieu où chaque espèce a été trouvée, ce qui mène à des rapprochements précieux concernant le domaine et les relations de plusieurs espèces. Le voyage de M. Bellardi fournit ainsi de nouveaux matériaux à ajouter au riche trésor malacologique, qu'ont successivement accumulé les voyages de MM. Olivier, Ehrenberg,

Schubert, Roth, Forbes, Boissier, Liebetrutt, de Saulcy, etc.
Quelques efforts de plus pour compléter et relier les
données acquises, et l'on pourra tenter avec succès
l'esquisse de la distribution des mollusques dans le Levant,
une des régions de la terre les plus riches et les plus
intéressantes.

Comme la répartition et le groupement géographique
des espèces constituent à mes yeux un des points de
vue les plus importants dans l'étude des coquilles, je
le maintiendrai dans ce catalogue, en rangeant les espèces
dans l'ordre des localités qui les ont fournies.

CORFOU.

1. Helix Olivieri Fer. — Tabl. syst. 47. No. 255.
var. *parumcincta* Parr.

J'emploie ce nom dans le sens que M. Mencke (Syn.
1830. p. 21) et après lui la plupart des auteurs alle-
mands ont adopté. Il est naturel d'admettre que M. de
Férussac ait de préférence donné un nom particulier à
celle des formes du groupe de l'*H. carthusiana* Müll.
(*carthusianella* Drap), qui en différait le plus sensiblement.

La vraie *carthusiana* Müll. s'étend à travers toute
la zône moyenne de l'Europe, jusqu'en Russie, à l'exception des hautes chaînes et de leurs pentes septentrio-
nales. Dans tout ce trajet ses caractères ne varient que
peu; mais à partir de l'Italie moyenne, de la Dalmatie,
de l'Asie mineure, du Caucase, le type se diversifie et
produit plusieurs espèces, dont les rapports mutuels ne
sont qu'imparfaitement connus. Tantôt elles paraissent
coexister sur le même point sans transition, tantôt s'ex-
clure l'une l'autre comme des variétés locales, tantôt
enfin se mêler, au dire des observateurs, par gradations
insensibles, comme le feraient de simples déviations in-
dividuelles. (Phil. Enum. 1. p. 132).

Les deux espèces les plus dominantes sont l'*H. Olivieri* Fer. et l'*H. syriaca* Ehrbg. La première est plus globuleuse, présente une ouverture arrondie, un bord basal concave s'insérant verticalement, une surface à la loupe irrégulièrement cicatrisée; la seconde reste plus déprimée et en cela plus voisine de l'*H. carthusiana,* son ouverture est transversale et munie d'un bord basal presque droit, s'insérant dans un sens latéral; enfin la surface est plus finement et • plus également martelée. Toutes deux diffèrent de l'espèce typique du groupe par un ombilic presque ou entièrement clos. En allant de l'Italie vers le Midi et l'Est, ces deux espèces, souvent séparées, souvent réunies, développent différentes variétés.

Pour l'*H. Olivieri* ce sont surtout les suivantes:

a) *var. dilucida* Ziegl. — (Rossm. No. 365).
mince, diaphane, assez lisse, uniforme, cornée-clair; perforation souvent un peu visible; bord basal moins recourbé.

Environs de Naples (Escher), la Calabre (Philippi Enum. N. 105), la Sicile (Escher. Schwerzenb.).

b) *var. parumcincta* Parr.
plus solide; deux bandes blanchâtres, lavées, l'une bordant la suture, l'autre la circonférence des tours; perforation entièrement fermée; bord basal concave; inégalités de la surface plus marquées.

Calabre (Phil. Enum.); Sicile, où elle a reçue les noms de *H. bizona* Mühlf, *ornata* Jan. (Rossm. Icon. No. 365), *bicincta* Benoît (Parr. in sched.); la Dalmatie (*parumcincta* Parr. in sched.); Corfou (Bellardi); la Grèce (Parr. in sched.)

c) *var. ocellata* Parr.
Plus forte encore, souvent plus grande; laiteuse, presque opaque, à l'exception d'une ou deux minces

zônes et quelques taches cornées-foncé ; inégalités de la surface distinctes et serrées.

Constantinople (Roth, Diss. 14. — Schwerzenb.); Asie mineure, (Parr. in sched.)

2. Helix striata Drap. — Hist. 106.

Var. jonica Mss.

T. depressiuscula, striis tenuibus; aufractus supra planiusculi, subangulosi, ultimus juxta umbilicum majorem subcompressus.

Cette variété des rochers du château de Corfou se rapproche les plus des variétés *H. tergestina* Mühlf., habitant Trieste et le littoral de l'Illyrie, et *meridionalis* Parr. provenant de la Dalmatie, de Spalato et Macarsa (Küst. in sched. — Rossm. Icon. No. 354. e.). Toutes ont une forme plus déprimée, et un ombilic plus ouvert que la forme typique des côtes de France. La variété de Corfou se distingue des deux autres par des stries moins prononcées, des tours, supérieurement, peu convexes et un peu anguleux sur la circonférence, un ombilic ouvert entouré d'un bord un peu comprimé.

Il y a quelques exemplaires, provenant d'un autre point, qui ont des stries plus prononcées, devenant rugueuses à l'endroit de la circonférence. Cette même coquille se retrouve en Grèce (Parr. in sched.) et paraît donc acquérir une certaine importance.

De l'île de Corfou proviennent également les *H. pustulosa* et *protea*, Ziegl. (Rossm. No. 521), mais sans aucune transition à l'*H. striata var. jonica*, ce qui prouve bien évidemment qu'elles n'appartiennent pas au même type.

3. Helix conspurcata Drap. — Hist. 105. T. 7. f. 23—25.

Parmi les autres coquilles des rochers du château de Corfou se trouve un exemplaire d'une petite espèce déprimée, fortement striée et maculée de brun et blanc, qui ne peut appartenir qu'à cette espèce. Comme on sait, la coquille de Draparnaud varie beaucoup dans son aspect: tantôt elle est presque uniforme, cornée, présentant de petits filaments irréguliers, tantôt il s'y mêle des taches calcaires, blanches, pourvues çà et là de points rugueux; les tours sont souvent arrondis, souvent presque anguleux. L'échantillon de Corfou a son test plus calcaire qu'à l'ordinaire, les taches cornées sont très foncées, les points rugueux presqu'imperceptibles, l'ombilic est étroit comme dans quelques individus extrêmes de Nîmes et de Gènes.

Nous ne connaissons pas de localité plus à l'Est où cette espèce ait été trouvée. Vers l'Ouest, comme on sait, elle passe de l'Italie et de la France en Sicile, en Corse et en Sardaigne (l'*H. sardiniensis* Porro, quoique séparée par M. Pfeiffer (Mon. I. p. 39 et 170), en est une variété); suit les côtes d'Espagne et reparaît à St. Cruz dans les Canaries (Blauner).

4. Clausilia senilis Ziegl. — Rossm. Icon. No. 249.

Trouvée en quelques échantillons sur les murs du château de Corfou. C'est la petite variété de cette espèce répandue surtout par M. Parreyss dans les collections. Elle est d'un tiers plus petite que la figure de M. Rossmaessler, qui sous d'autres rapports lui convient parfaitement.

5. Pomatias tesselatum Wiegm. — Rossm. Icon. No. 404.

L'île de Corfou est la seule patrie connue de cette espèce, comme de la précédente. Elle s'y trouve, à ce qu'il paraît, en grand nombre et se distingue du *P. maculatum* ainsi que du *P. patulum* Drap. par sa délicate costulation blanchâtre. Nous n'avons rien à ajouter à la diagnose de M. Rossmaessler.

SYRA.

1. Helix neglecta Drap. — Hist. 108. T. 6. f. 12. 13.

Parmi les coquilles de Syra il s'en trouve quelques-unes que la forme déprimée, l'ombilic ouvert et les dimensions rapprochent de l'espèce de Draparnaud. Les unes sont uniformement blanches, les autres indistinctement fasciées. N'étant pas entièrement adultes, nous n'en faisons mention que pour constater la présence de cette espèce dans l'archipel grec.

2. Helix cyclolabris Desh. — Hist. nat. s. 32. T. 68. f. 7.

Sur les pierres et les murs secs aux environs de Syra.

La coquille de M. Bellardi s'accorde bien avec la description et la figure de cette espèce, encore rare dans les collections. On y rencontre bien plus souvent une espèce plus petite nommée *H. Heldreichi* par M. Shuttleworth et *H. arcadica* par M. Parreyss.

M. Pfeiffer (Mon. I. 360) les réunit sans tenir compte de leurs différences. L'*H. cyclolabris* est plus grande, (21—23 mill. au lieu de 16—17) plus largement enroulée, les granules et les poils sont plus serrés, sans être plus persistants, le dernier tour vers l'ombilic se reserre moins et s'évase graduellement pour former une ouverture transversalement ovale, entamée par l'avant dernier tour. L'*H. Heldreichi* au contraire, par suite de l'étranglement du col, a une ouverture relativement plus petite, presque circulaire, dont le bord, subitement réfléchi, n'est que soudé par un point à l'avant-dernier tour.

M. Shuttleworth nous a communiqué une troisième forme qui se place entre les précédentes et que je nomme provisoirement *H. Hymetti*. Elle a la grandeur et la fragilité de la vraie *cyclolabris*, mais la base des tours est un peu moins convexe, les bords sont plus rapprochés et le péristome réfléchi comme dans l'*H. Heldreichi*. Des observations futures devront éclaircir les rapports naturels entre ces trois formes, qui toutes appartiennent à la section des Campylées cornées pilifères, qu'on n'a reconnue jusqu'ici que dans le midi de l'Europe, à partir de la Toscane, de l'Illyrie et du Danube. Quant aux localités, elles se rangent de la manière suivante:

1) *H. Heldreichi* Shttlw.

(*H. cyclolabris* Pfr. s. auct. partim).

(*H. arcadica* Parr. in shed.)

Environs d'Athènes (Heldreich, Büchi). Arcadie (Parr. in shed.)

2) *H. Hymetti* Mss.

Mont Hymettus (Heldreich sec. Shuttlew.)

3) *H. cyclolabris* Desh.

Morée (Deshayes), Naxie (Olivier teste Desh.), Syra (Bellardi).

3. Helix pisana Müll.

Quelques exemplaires des environs de la ville de Syra qui n'offrent rien de particulier.

4. Helix cretica Fer. — Pfeiff. Mon. 1. 159. — Chemn. Ed. 2. T. 37. f. 21—22.

Cette espèce, fréquente aux environs de la ville de Syra, se distinque de l'*H. variabilis* Dr. par ses tours plus lentement croissants, au nombre de 6 au lieu de 5, formant un ensemble plus obtus, par sa surface moins lisse, régulièrement striée, son ouverture plus petite, munie d'un péristome blanc. Sa coloration, au lieu de se concentrer en quelques bandes continues à la base de la coquille, ne forme que des fascies interrompues et des nuages fauves, qui prennent autour du sommet, toujours foncé, un aspect radié.

M. de Ferussac nomme comme patrie de cette espèce, d'après Olivier, Candie, Naxie et Rhodes; M. Bellardi l'a rapportée de Syra, Rhodes et Cypre. Elle paraît répandue sur toutes les îles de l'Archipel et y remplacer, en partie du moins, la vraie *variabilis* Drap. Plus à l'Est, sur les côtes de la Syrie et l'Egypte, l'*H. cretica* fait place à une autre forme voisine, l'*H. simulata* Fer. (Pfr. Mon. I. 159. Chemn. Ed. 2. T. 37. f. 23—24). L'ombilic est moins grand que dans les précédentes, souvent réduit à une étroite perforation, et à demi couvert par le retour du bord, qui se replie exactement sur le tour précédent. Ces caractères ne paraissent cependant pas bien constants. L'*H. saracena* Parr. recueillie près de Damasque et rangée à tort par M. Pfeiffer sous le type de l'*H. pisana* (Mon. I. 153.), à un ombilic plus ouvert et un bord columellaire moins collé. La coquille de la province d'Oran, considérée comme *cretica* par M. Morelet, nous semble d'après l'insertion de son bord columellaire, malgré la grandeur de l'ombilic, plutôt se rapprocher de l'*H. simulata*. Il serait intéressant de connaître ses rapports de voisinage avec l'*H. variabilis*, qui doit se trouver également dans les environs d'Oran.

5. Helix candiota Friss.

Des rochers aux environs de Syra.

La coquille décrite et figurée par M. Pfeiffer sous le nom de *H. turbinata* Jan. (Mon. I. 155. 441. Chemn. Ed. 2. T. 37. f. 17. 18) appartient à un petit groupe peu connu, qui se distingue par ses petites dimensions et sa forme globuleuse. Après avoir étudié des échantillons de 9 sources différentes, je crois pouvoir régler la synonymie de la manière suivante:

1) La première espèce, l'*H. turbinata*, trop brièvement décrite par M. Jan (1832) (Catal. Mant. 2.), habite la Sicile.

Les auteurs subséquents, faute de tenir compte de la patrie, l'ont méconnue et reproduite d'apres des exemplaires recueillis par M. de Schwerzenbach à Messine, sous le nom plus connu d'*H. Aradasii* Mandral. (1844) (Phil. Enum. 11. 218). M. Pfeiffer sépare les deux noms et réserve le premier pour l'espèce grecque que M. Jan n'a pas connue et qui en diffère essentiellement. Enfin un troisième nom, *H. cyclostomoides.* a été passagèrement donné à cette espèce par le comte de Porro (in sched.) pour des échantillons provenant, à ce qu'il paraît, de l'Algérie. Les coquilles des deux pays sont identiques : même forme et grandeur, même ouverture à bord blanc, même ombilic, même fragilité, mêmes stries distinctes, enfin même fascie plus ou moins défectueuse.

2) M. de Charpentier nous a communiqué sous le nom d'*H. Aradasii* une forme un peu différente. Elle est plus surbaissée que le type, les tours sont moins convexes, légèrement anguleux, l'ouverture est moins circulaire, l'ombilic un peu plus ouvert, quoique toujours étroit. L'extérieur du test reste le même. Cette forme doit provenir de Palerme, toutefois M. de Schwerzenbach qui a exploré avec soin les environs de cette ville, ne l'y a pas trouvée. Nous croyons reconnaître dans cette forme la coquille que M. Parreyss distribue comme *H. filograna* Villa, seulement la coloration dans celle-ci est plus vive.

3) Vient ensuite l'*H. Durieui* Moqu., souvent confondue avec l'*H. turbinata.* (vide Pfr. Mon. I. 441. — Chemn. T. 113. f. 9. 10). Peut-être la fig. 9, T. 3 dans le Catal. de M. Terver (p. 25), indiquée comme appartenant à l'*H. subrostrata* Fer., se rapporte-t-elle à cette espèce. La surface, au lieu d'être distinctement striée par l'alternance de lignes blanches et cornées, est dans l'*H. Durieui* plus lisse, blanche et calcaire. La coquille est plus grande,

plus solide, les tours sont plus renflés, l'ouverture en haut plus ample et bordée intérieurement d'un bourrelet vineux et non blanc, comme dans la précédente. Au lieu d'une fascie unique, il s'en développe plus fréquemment plusieurs légères sur la base du dernier tour. M. Maquin et Morelet indiquent La Calle comme la patrie de cette espèce.

4) Enfin M. Friwaldsky a nommé *H. candiota* une espèce voisine des précédentes, venant de la Candie. Elle est ordinairement plus petite et bien plus solide, l'ouverture est plus étroite, la surface finement striée, tantôt blanche, tantôt flammée en brun, le péristome, fortement bordé intérieurement, reste blanc. C'est cette espèce, dont M. Pfeiffer figure sous le nom d'*H. turbinata* Jan un grand individu (Mon. I. 155. Chemn. T. 37. f. 17. 18). Nous la possédons de Canée et de Syra et l'avions précédemment communiquée à plusieurs personnes sous le nom d'*H. pilula* qui doit disparaître.

Nous aurons donc en récapitulant:

1) *H. Durieui* Moqu.

   H. subrostrata var. ? Fer.

La Calle en Algérie (Moquin, Morelet).

2) *H. turbinata* Jan (non auct.)

   (*H. Aradasii* Mandr.)

   (*H. cyclostomoides* Porro olim).

Messine (Schwerzenb.) Algérie (Porro).

3) *H. filograna* Parr.

   (*H. Aradasii* sec. Charp.)

Sicile (Parreyss), Palerme (Charp.)

4) *H. candiota* Friw.)

   (*H. turbinata* sec. Pfr.)

Candie (Friwaldsky, Schwerzenbach) Macédoine (Parreyss).

En distinguant ces 4 noms, nous ne voulons point nous prononcer sur leur légimité comme espèces distinctes; les faits manquent pour en établir les rapports mutuels.

6. Helix striata Drap.

var. *jonica*. Mss.

C'est à-peu-près la même forme, dont il a été question à l'occasion des espèces de Corfou. L'un des exemplaires est scalaroïde.

7. Helix pyramidata Drap. — Hist. 80. T. 5. f. 6.

La coquille de Syra est une copie exacte des grands échantillons de France. Les stries du test sont un peu plus marquées, et la coloration réduite à quelques taches peu apparentes. L'*H. pyramidata*, comme on sait, est une des espèces qui suit le littoral de la Méditerranée depuis Cadix jusqu'en Orient, sans beaucoup varier de caractères.

8. Helix syrensis Pfr. — Mon. I. 178. — Chemn. Ed. 2. T. 23. f. 22—23.

Sur les murs et rochers secs aux environs de Syra, d'où M. Pfeiffer la cite également, d'après M. Forbes. Nous l'avons encore de Zante.

Cette espèce, décrite pour la première fois par M. Pfeiffer, avoisine l'*H. Schombrii* Scacch. (Pfr. Mon. 444. Chemn. 119. f. 11 — 13), recueillie par M. de Schwerzenbach à l'île de Gozzo près de Malte et mentionnée par M. Pfeiffer comme trouvée également en Sicile (?) L'*H. syrensis* est cependant plus conique, moins lenticulaire, les tours près de la carène sont moins fortement creusés, l'ombilic est plus étroit, les stries sont plus fines.

L'*H. Schombrii* relie l'espèce de Syra à l'*H. Spratti* Pfr. (Mon. I. 174. Chemn. T. 23. f. 9—11). Cette dernière est encore plus platte, plus fortement creusée et costulée, crénelée sur la carène, plus largement ombiliquée, enfin plus grande. Sa patrie est l'île de Malte.

Ces trois espèces, surtout les deux dernières, ont quelque chose d'irrégulier dans leur forme qui les sépare distinctement de l'*H. serrula* Mor. (Moll. de Port. 61. T. 7. f. 2) que M. Pfeiffer avait d'abord réunie à l'*H. syrensis*, mais détachée depuis sous le nom de *H. setubalensis* (Mon. II. 136. Chem. T. 132. f. 17. 18). Cette dernière paraît confinée aux côtes du Portugal et de l'Espagne.

9. Bulimus gastrum Ehrenb. — Ehrenb. Symb. — Pfr. Mon II. 122.

L'espèce de M. Bellardi, trouvée entre les pierres près de Syra répond assez à la description de l'espèce de M. Ehrenberg, que je ne connais que d'après des échantillons de M. Parreyss. Toutefois il serait curieux de rencontrer en Grèce une espèce qu'on regarde comme particulière à la Syrie, — à moins que le *B. Spratti* Pfr. (Mon. II. 122. Phil. Abb. II. 114. T. 4. f. 6) de l'Asie mineure ne dût rentrer sous le même type.

Les échantillons de Syra, étant recueillis morts, ont perdu leur aspect corné et poli; ils sont plus solides, et ont le bord plus fortement réfléchi que ne l'indique la description. La différence des localités aurait pu justifier des différences plus fortes. La grandeur n'est que de 11—12 millim. sur 7—8. En cela, comme par la forme plus ovoïde, les tours moins convexes, la surface plus lisse, ils diffèrent un peu du *B. gastrum*. Cette espèce, en vertu de sa forme et de son sommet un peu acuminé, rappelle le groupe canarien des *B. boeticatus* Fer. *obesatus* Webb. *badiosus* Fer. etc. ; mais la granulation manque.

10. Bulimus decollatus Lin. *(Helix)*.

Nous n'avons rien à dire de cette espèce si connue.

Elle appartient au nombre de celles qui, à partir de Madère, des Canaries et du Portugal se répandent sur tout le pourtour de la Méditerranée jusqu'en Syrie et en Egypte. Dans cet immense trajet elle ne développe que trois variétés un peu prononcées: une variété mince et fragile à Madère, la var. *gigantea* Ziegl. de Bougia et Oran, enfin la var. *B. truncata* Ziegl. de l'Orient, toujours plus petite, plus cylindrique que les formes de la France et de l'Italie.

11. Chondrus pupa Lin. *(Helix)*.

Des environs de la ville de Syra. C'est la forme typique un peu allongée.

12. Clausilia cœrulea Fer. — Rossm. Icon. No. 99. Desh. Hist. T. 166. f. 6.

En grande quantité sur les rochers calcaires.

La forme dominante à Syra ne répond qu'imparfaitement à la figure donnée par M. Deshayes. Cette dernière est plus grande, les rides des derniers tours sont plus régulières, la nuque ne présente pas les deux crêtes convergentes, indiquée dans la diagnose, qui paraît empruntée à M. Pfeiffer (Icon. II. 415). Parcontre l'accord avec l'espèce, telle que M. Rossmæssler la caractérise, ne laisse rien à désirer.

MM. Pfeiffer et Charpentier (Mon. II. 415. et Journ. de Conch. 1852. 374) réunissent à l'espèce de M. de Ferussac la *Cl. bifurcata* Desh. (Hist. T. 165. f. 1); les différences nous semblent cependant trop grandes pour être négligées sans autre motif.

La *Cl. coerulea* paraît sans contredit l'espèce du groupe des lactées la plus répandue dans les îles grecques; on la cite de Syra (Schwerzenbach et Bellardi), de Chios (Feruss., Rossm.), Santorino (Deshayes), Naxie (Desh.), Grèce (Boissier), etc.

RHODES.

1. Zonites cellarius *(Hel.)* Müll.

Les exemplaires, recueillis par M. Bellardi aux environs de Rhodes rentrent, à l'exception de leur couleur un peu foncée, entièrement dans le domaine de l'espèce de Müller, telle qu'elle se trouve dans la majeure partie du continent européen. A Rhodes elle n'atteint que la moitié de la grandeur des individus adultes de l'*H. cypria* Roth (de Cypre).

2. Zonites aequatus Mss.

T. umbilicata, valde depressa, parum nitens, vix striatula, sub lente minutissime transversim corrugata, pallide — flavescens, diaphana; anfractus 4 ½, celeriter accrescentes, planiusculi; ultimus non deflexus; sutura levis; apertura magna, transverse lunato-ovalis, non obliqua; perist. simplex, acutum, margine columellari subarcuato, vix reflexo, non protracto.

Diam. maj. 15 Millim., min. 11, altit. 6.

Diam. maj. apert. 6 ½, min. 5 Millim.

Cette espèce, trouvée près de la ville, au pied des murs, est assez embarassante pour le malacologue. La forme très déprimée, l'accroissement prompt des tours, surtout du dernier, l'ouverture transversalement fort dilatée la séparent de la plupart des espèces du groupe du *Z. cellarius*, à l'exception de la seule *H. protensa* Fer[*]) (Desh. Hist. I, 93. Fer. T. 28, f. 3 — Pfeiffer

---

[*]) On confond souvent l'*H. protensa* Fer. avec l'*H. cypria* Pfr., qui en diffère totalement.

Mon. I, 90. Chemn. T. 83. f. 4 — 6) qui, malheureuse-
ment, ne paraît exister en échantillons authentiques que
dans la collection de feu M. de Ferussac. Les deux
diagnoses de cette dernière sont la copie l'une de l'autre
et paraissent établies sur la figure et non sur l'examen de
la coquille même. Or, en se tenant à ces diagnoses, le caractère le plus frappant de l'*H. protensa* serait le prolonge-
ment du bord columellaire à l'endroit de l'ombilic. Ce caractère manque entièrement à notre espèce, dans tous les
exemplaires également; le bord gauche se termine exactement sur le rayon qui va du centre de l'ombilic au
point d'insertion supérieur du péristome. Cette différence, conjointement avec un ombilic plus large et une
ouverture un peu moins dilatée, m'ont engagé à admettre
la séparation des deux formes, appuyée de plus par la
différence des localités. L. *H. protensa* vient de Standié
en Syrie et non de Rhodes. Parmi les espèces européennes il n'y a que l'*H. nitens* Mich., qui de loin s'en
approche un peu.

3. Patula Erdelii Roth. — Diss. 16. T. I, f. 4. 5.
20. — Pfeiff. Mon. I, 105.

Cette jolie espèce provient de la même localité,
d'où M. Roth l'a fait connaître, savoir des vieux murs
de la ville de Rhodes. Elle est la plus grande espèce
européenne du groupe Patula Alb., distinct des autres
Helices par un péristôme non bordé comme dans les
Zonites et de fortes costulations. En comparant cette
espèce avec l'*H. flavida* Ziegl. (Rossm. Icon. N. 610),
que je possède de Naples et de Panorme en Sicile, je
pense qu'il ne peut y avoir de doute concernant leur
identité (v. Pfeiffer Mon. III, 121). Il m'est même impossible de découvrir des caractères suffisants pour les
distinguer comme variétés. Au reste, la dissertation de

M. Roth et le cahier de l'Iconographie de M. Rossmaessler où se trouve décrite l'*H. flavida*, étant tous deux de
l'année 1839, je ne sais à quel nom revient la priorité.

A juger d'après les localités précitées, cette espèce
occuperait un terrain assez étendu ; si elle n'a été jusqu'ici que peu observée, cela provient probablement de
ses habitudes retirées. Peut-être l'*H. sudensis* Pfr. (Mon.
I, 103), provenant de l'île de Candie, mais que je ne
connais pas, rentre-t-elle encore sous le même type.

4. Helix aspersa Müll.

Les exemplaires de Rhodes sont sous tous les rapports identiques avec ceux de la France et de l'Etrurie.
Mais l'*H. aspersa* est une des espèces, pour lesquelles il
devient presque impossible, parsuite de l'extension que leur
a donnée l'industrie humaine, de décider, si elles sont
originaires ou introduites. Jouissant d'une facilité extra-
ordinaire à s'acclimater, l'*H. aspersa* a pris pied sur tous
les points où l'homme l'a transportée comme matière ali-
mentaire. Le Méxique, le Brésil, la Floride, Madère,
les Canaries l'ont évidemment empruntée à l'Europe. Il
n'y a qu'un moyen de distinguer les espèces indigènes
des espèces introduites, mais il exige une observation
attentive sur les lieux mêmes. Sont-elles indigènes, on les
retrouvera, soit avec la forme typique, soit comme variétés,
dans de nombreuses localités soumises aux mêmes con-
ditions de climat et de végétation ; sont-elles introduites,
on les cherchera en vain au-delà d'un petit coin de terre
entourant leur premier point d'abordage. C'est ainsi,
on ne peut en douter, que l'*H. aspersa* s'est introduite
au moyen âge comme aliment de jeûne sur plusieurs
points de l'Allemagne et de la Suisse, où se trouvaient
de grands couvents ou des sièges épiscopaux, et peut-être

faudra-t-il juger de la même manière son apparition sur plusieurs points isolés de l'Orient.

5. Helix figulina Parr. — Rossm. Icon. Nr. 580.

Les exemplaires de Rhodes sont à-peu-près le type de cette petite espèce du groupe de l'*H. pomatia* Lin., qui en diverses variétés se répand sur une grande partie de l'Orient. C'est à tort qu'on l'a considérée comme une simple variété de l'*H. grisea* Ln. (cincta. Müll.). Sur plusieurs points, à Smyrne et en Syrie, p. ex., on les rencontre toutes les deux, sans formes intermédiaires. L'*H. grisea* se montre alors en individus de grandeur remarquable, à péristome et columelle foncés, avec deux larges bandes obscures, séparées par une zône claire, à perforation quoique cachée à l'état adulte, accusée cependant par le renversement du bord columellaire. L'*H. figulina* parcontre reste toujours petite, presque sans coloration de la bouche, elle a des zônes ordinairement étroites ou imparfaites, un bord columellaire enfoncé, sans trace de perforation. Ces différences, quoique faibles, se maintiennent avec constance.

Il est plus difficile de séparer l'*H. figulina* de plusieurs autres petites formes, qui semblent plutôt la remplacer que coexister avec elle. L'embarras s'accroît encore par l'emploi différent que les auteurs ont fait des mêmes noms, et ce n'est réellement que par une étude plus rationelle de la répartition géographique qu'on parviendra à débrouiller le chaos actuel. Je vais essayer quelques pas sur cette route. En passant en Europe on trouve la :

1) *H. pomacella* **Parr.**

Jolie petite espèce, habitant les deux côtés du Bosphore. Elle est plus globuleuse que le type, avec lequel on la confond souvent, son ouverture est presque

circulaire, le péristome à partir de la base fortement réfléchi, de manière à cacher la perforation, qui existe
toujours au jeune âge. La surface est finement striée
et munie d'étroites fascies.

2) Plus loin, dans la Rumélie et la Macédoine, se
rencontre l'*H. philibinensis* Friw. (Rossm. Icon. No. 581).
Plus grande, plus régulièrement conique ; le bord columellaire ne s'élargit pas si promptement, s'applique plus
intimement sur le centre non perforé de la base, qui
se colore en brun. De larges fascies, la seconde formée
par la réunion des bandes 2 et 3, ornent la surface, qui
n'est que faiblement striée. Une forme presque identique
à été rapportée de Szourza en Géorgie par M. Dubois.

3) Vient ensuite en Gallicie l'*H. lutescens* Ziegl.
(Rossm. No. 292), plus mince et légère que la précédente. Le réfléchissement columellaire est encore moins
étendu et cache une faible perforation. L'ouverture s'in-
cline moins sur l'axe de la coquille que dans les autres
espèces, elle reste plus haute que large et ne se colore
pas ou peu.

Une seconde série de formes se succède dans l'Asie
mineure.

4) L'*H. pathetica* Parr. — nous ne savons de quelle
contrée de l'Asie mineure, — est la forme la plus déprimée et la plus large du groupe. Le dernier tour est
surtout renflé en travers, le bord columellaire, toujours
blanc, se refléchit sur la perforation sans s'appliquer complétement. La surface lactée n'offre que des bandes faiblement tracées.

5) Dans le Somketh, l'Imereth et l'Arménie (d'après
les envois de MM. Dubois et Huet) se trouve l'*H. Nord-
manni* Parr., une charmante petite forme à bandes bien
développées, sur un fond jaunâtre et brunâtre, assez lisse.

Ce qui la distingue, c'est le bord columellaire non coloré qui s'applique en large cône très en avant sur le tour précédent et laisse apercevoir un ombilic assez large.

6) Puis vient comme l'espèce la plus répandue sur le versant sud du Caucase, depuis Tiflis jusqu'en Crimée et de là jusqu'à Odessa, l'*H. obtusata* Ziegl. (ou obtusalis?) (*H. vulgaris* Rossm. Icon. No. 582). Elle est plus grande et se reconnaît de suite au renflement insolite des premiers tours nucléolaires, ce qui rend le sommet plus gros et plus obtus que mêmes dans les grands individus de l'*H. pomatia* L. ou de l'*H. taurica* Kryn. Son bord columellaire est faiblement coloré et couvre complétement une perforation fort étroite. L'extérieur est finement strié en brun et jaunâtre et orné de bandes bien prononcées, dont la 1e et 5e sont souvent les seules persistantes (c'est l'*H. bicincta* Dub.), tandis que la 2e, 3e et 4e (ce qui est rare) ont une tendance à se confondre.

La vraie *H. figulina*, avec sa variété globuleuse l'*H. nucula* Parr. s'étend le long de la Lycie et de la Cilicie. On la trouve encore à l'île de Cypre. Plus au sud, aux environs de Jérusalem, d'après les envois de M. Parreyss, elle est remplacée par une espèce ou variété un peu différente que je nomme et définis de la manière suivante.

7) *Helix cavata* Mss.

T. imperforata, ovato–globosa, plane–striatula, striis concentricis defectis, sordide albida, fasciis dilutis griseis ornata; aufractus 4 convexiusculi, primi minuti, ultimus elongato–inflatus; apertura magna, lunato ovalis, intus grisea; perist. rectum, margine columellari arcuato, alte inserto, tenuiter reflexo. —

Les 7 formes, que nous venons d'énumérer, ont dans leur patrie une certaine constance, mais on est loin de pouvoir indiquer leurs rapports réciproques et leur vraie valeur spécifique. Il suffit pour le moment de les considérer comme des jalons plantés pour diriger les recherches futures.

6. Helix pellita Fer. — Fer. et Desh. Hist. I, 173. T. 69, f. 3.

Cette charmante espèce, déjà rapportée par Olivier de Rhodes, où elle se trouve sur les vieux murs, est bien connue par les diagnoses et figures des MM. Ferussac et Pfeiffer (Mon. I, 356). Par sa forme globuleuse, son ombilic étroit, sa coloration différente elle se place sur la limite des Campilées cornées Albers. Sa plus proche voisine est l'*Helix Naxiana* Fer. — Ce nom évidemment a été appliqué à deux formes différentes, l'une figurée par M. de Ferussac (T. 69, f. 1), venant de Naxie, l'autre par M. Pfeiffer (Chemn. T. 79, f. 24. 25) rapportée par M. Forbes de Candie. La première se rapprocherait, à juger d'après la figure, pour la forme et l'ouverture beaucoup de l'*H. pellita* sans lui emprunter les granulations hispidulées; l'autre plus surbaissée, trifasciée rappelle plutôt l'*H. trizona* Zgl. (Pfeiff. Mon. I, 352) dans ses petits individus. Je ne connais que cette dernière qui, examinée à la loupe, présente sur ses premiers tours une granulation microscopique, dont les auteurs ne font pas mention. M. Friwaldsky (sec. Parr.) l'a nommé *H. decora*, nom dont on a déjà disposé; mais il nous semble, qu'elle se range bien plutôt sous les caractères de l'*H. lecta* Fer. (Desh. hist. l, 73. T. 69, f. 2), qu'à la vérité je n'ai pas vue, mais qui provient également de l'île de Candie.

En conséquence je propose la synonymie suivante :

1) *H. pellita* Fer.

Rhodes (Olivier, Bellardi). Syra (Roth ; Forbes sec. Pfeiffer) Morée (?) (Deshayes).

2) *H. Naxiana* Fer.

Naxie (Ferussac).

3) *H. lecta* Fer.

(*H. naxiana* var. *B.* et lecta Pfeiff.)

(*H. decora* Friw. test. Parr.)

Candie. Suda (Forbes test. Pfeiff.), Khanée (id).

7. Helix variabilis Drap. — Hist. p. 84, T. 5, f. 11. 12.

M. Bellardi a recueilli aux environs de la ville de Rhodes en quantité une coquille blanche ou légèrement fasciée, assez lisse, à sommet foncé, non adulte, qui sous tous les rapports rappelle certaines variétés de l'*H. variabilis*. La forme moins obtuse et l'absence des stries la distingue de l'*H. cretica*; leur coexistence dans le même lieu prouve leur indépendance comme espèces.

8. Helix cretica Fer.

Voyez ce qui a été dit de cette espèce sous le titre de Syra.

9. Helix spiriplana Oliv. — Voy. I, T. 17, f. 7.

Cette coquille, trouvée en nombre dans les vieux murs de la ville, répond parfaitement au type rapporté par M. Olivier de la Crète. Les auteurs sont presque tous d'accord sur cette espèce, que M. de Charpentier a surtout définie avec soin (Zeitschrift 1847. 137) et à laquelle nous reviendrons à l'occasion de l'*H. Bellardii*. Cependant ils ont moins connu la petite forme typique d'Olivier, que la grande variété que MM. Roth, Boissier etc. ont rapportée de Jérusalem. Nous nommérons cette dernière avec M. Boissier :

var. *hierosolyma* Boiss.

10. Helix vermiculata Müll.

Les exemplaires sont assez petits, mais n'offrent rien de particulier.

11. Bulimus fasciolatus Oliv. — Voy. T. 17, f. 5.

Cette espèce, bien connue depuis Olivier, paraît étrangère au continent européen. Les B. *dardanus* Friw., *illibatus* Zgl., *tauricus* Lang, *varnensis* Friw. etc. viennent la remplacer. Le domaine du B. *fasciolatus* embrasse Rhodes (Bellardi), Candie (Olivier), la Caramanie (Boissier) et la Syrie. A Rhodes, tous les exemplaires sont blancs.

12. Bulimus acutus Drap.

La forme ordinaire, des environs de la ville.

13. Chondrus pupa Lin. (Helix).

Cette espèce se répand dans une grande partie du Levant, en Morée, à Constantinople, sur la plupart des îles grecques, à Rhodes, à Smyrne etc., sans développer des variétés bien déterminées, tandis que les individus dans le même lieu* varient beaucoup dans leur grandeur et leurs proportions. Ceux, qu'a rapportés M. Bellardi sont allongés, tandis que M. Roth (Diss. p. 17) désigne la même île comme la patrie d'une variété courte et ventrue.

14. Clausilia Olivieri Roth. — Diss. 21, T. 2, f. 7.

Rhodes (les vieux murs de la ville) est la seule patrie connue de cette espèce, bien décrite par M. Roth et qui paraît remplacer la *C. caerulea* Fer., avec laquelle elle a bien des rapports. Elle en diffère par sa large et faible costulation, par son ouverture plus allongée et sa lame palatale plus abaissée et plus visible.

15. Clausilia bigibbosa Charp. — Zeitschrift 1847. 143. —

MM. Schwerzenbach et de Saulcy ont également rapporté cette espèce de Rhodes. Les exemplaires de

M. Bellardi sont tous assez petits, mais ont, comme les grands individus de la Caramanie, les deux protubérences rugueuses de la nuque, dont celle placée au côté ombilical est, contrairement à ce que présentent d'autres espèces, la moins proéminente.

SMYRNE.

1. Zonites smyrnensis Roth. — Diss. 16, T. 1, f. 8. 9.

Cette espèce, très fréquente au pied des murs du château de Smyrne, appartient au groupe si bien limité du *Z. algirus* Lin., qui se distingue par la différence de ses deux faces, l'une sculptée, l'autre unie et glabre. Elle ressemble le plus au *Z. compressus* Ziegl. (Ross. Icon. No. 150) de la Dalmatie et de Monténégro, mais les tours sont supérieurement moins arrondis, l'ombilic est moins large, la coloration plus claire et fasciée, la sculpture beaucoup plus grossière. Elle paraît s'étendre à travers la Lydie, la Carie et la Lycie, conjointement avec une autre espèce du même groupe, l'*H. carica* Roth (Diss. 17, T. 1, f. 6. 7. — Pfr. Mon. I, 129). Celle-ci, à juger d'après des exemplaires reçus sous ce nom par M. Parreyss et d'autres, recueillis à Smyrne par M. de Schwerzenbach, serait plus globuleuse, plus forte, moins anguleuse au dernier tour et se rapprocherait en somme du *Z. algirus* L., dont toutefois elle différerait par sa forme élevée, son ombilic plus étroit, et la surface des tours nucléolaires non granulée mais striée en spirale. Je ne sais si le vrai *Z. algirus*, qu'on rencontre encore aux environs de Constantinople, passe en Asie ; mais il est certain que le groupe, dont les espèces précitées font partie, s'étend au loin à travers les contrées montagneuses de l'intérieur de l'Asie. L'espèce, répandue récemment sous le nom de *Z. corax* **Parr.**, est intermédiaire entre le *Z. smyrnensis* **Roth** et le *Z. acies* **Partsch**, et provient de la chaîne du Taurus. Il faut enfin rapporter au même groupe l'*H. cycloplax* **Bens.** (Ann. and Mag. Nov. 1852. Pfr. Mon. III, 636), trouvée à Darjiling, dans l'Himalaya.

2. Helix Rothi Pfr. — Mon. I, 131. Chemn. T. 7, f. 5 — 7.

Var. obsita Mss.

T. parvula, punctis minimis rigidis confertis obsita; anfractus supra planiusculi; perist. extus zona alba et pallide fuscescente marginatum.

Je répugne d'ériger en nouvelle espèce cette coquille des environs de Smyrne; parce que sous presque tous les rapports, grandeur, forme, coloration, ouverture, elle répond parfaitement à l'espèce de **M. Pfeiffer**. Cependant un caractère, qu'on considère ordinairement comme de première valeur et dont **M. Pfeiffer** ne fait aucune mention, l'en distingue. La surface est couverte d'une mince épiderme matte, portant régulièrement et étroitement disséminées de petites granules un peu pilifères, distinctes surtout sur les premiers tours. Enlevée par le frottement, cette épiderme laisse une surface finement et régulièrement martelée, que nous ne retrouvons pas dans le seul exemplaire que nous ayons vu de l'*H. Rothi* (Coll. Charpentier). Cependant, comme on ignore jusqu'où s'étendent dans cette espèce les différences des variétés, comme de plus on reconnaît souvent un martelage assez régulier dans l'espèce voisine *H. Olivieri* **Fer.**, je préfère suspendre un jugement définitif.

L'*H. Rothi*, — qui paraît lier le groupe de l'*H. pellita* **Fer.** avec celui de l'*H. Olivieri* **Fer.**, — provient suivant **M. Pfeiffer** de l'île de **Syra**.

3. Helix figulina Parr. — *Var. nucula* Parr.

Cette variété, moins élevée, plus globuleuse que le type, domine aux environs de Smyrne. La perforation manque entièrement comme dans l'espèce typique, que M. Pfeiffer (Mon. I. 237) ne paraît pas avoir bien saisie.

4. Helix vermiculata Müll.

Il est intéressant de voir apparaître cette espèce dans l'Asie mineure et même plus conforme au type des côtes de France et d'Italie, qu'à Raguse et dans la Dalmatie. Smyrne n'est même pas sa limite orientale. M. Parreyss, en a reçu une jolie variété, un peu globuleuse et faiblement colorée, de la Transcaucasie russe.

5. Bulimus decollatus Lin. *(Helix).*

Commun aux environs de Smyrne.

6. Clausilia munda Ziegl. — Rossm. Icon. No. 247.

Sur les murs du château de Smyrne.

C'est bien l'espèce décrite par M. Rossmaessler, comme provenant de la même localité, seulement l'ouverture est un peu moins élargie. La nuque n'a qu'une crête simple et peu élevée, ce qui la distingue, ainsi que la surface finement costulée, de la *C. caerulea* Fer., dont elle se rapproche par la nature des plis et des lamelles.

7. Paludina byzantina Parr.

Des eaux des sources de Bonnhar-Backy, au fond du golfe de Smyrne.

Je ne connais d'autre nom à cette petite espèce que celui que M. Parreyss à proposé pour des exemplaires trouvés aux environs de Constantinople, dont on ne peut distinguer ceux de Smyrne. Cette espèce est peut-être la plus petite de toutes, les plus grands individus n'ayant guère qu'un millim. de hauteur. Elle a 3 à 3 1/2 tours qui croissent plus rapidement que dans la *P. brevis* Mich. et rendent la forme plus hélicoïdale. L'ouverture presque ronde, anguleuse en haut, se détache un peu sur tout le pourtour et laisse apercevoir un petit ombilic distinct. L'opercule est un peu concave vers l'intérieur et brun corné comme la coquille.

8. Melanopsis praerosa Lin. — Rossm. Icon. No. 676. 677.

Près du pont des caravannes à Smyrne.

C'est l'espèce typique, à couleur brunâtre, à spire moins élancée, à surface presque lisse que M. Lamarck a nommée *M. laevigata.* Il y a bien des exemplaires qui ont leur sommet entier.

9. Neritina belladonna Parr. (in sched.).

Se trouve avec la **Paludina byzantina** Parr.

Cette petite espèce, à surface luisante, à couleur bleu-noire, à labium fortement incliné, paraissant différer de la *N. boetica* Lam. de l'Andalousie, j'adopte le nom sous lequel M. Parreyss la distribue depuis bien des années. La *N. Méandri* Charp. (non publiée) ne semble pas en différer; peut-être la *N. peloponensis* Recl (Journ. de Conch. 1850. 149), que je ne connais pas, est-elle encore la même espèce.

La vraie *N. belladonna* Parr. m'a été envoyée de la Troade, de Brussa et de Smyrne.

CYPRE.

1. Helix nicosiana Mss.

T. umbilicata, globosa-depressa, tenuis, opaca, rufescens, pallide-unifasciata, striata, granulis separatis sed confertis irregulariter et oblique sertis ornata; anfractus 5½, supra planiusculi, regulariter accrescentes, summo acutiusculo; ultimus vix subangulatus, antice deflexus; umbilicus modicus,

*pervius; apertura transverse lunato–elliptica, margi-
nibus subapproximatis; perist simplex, intus tenue-
labiatum, extus expansiusculum, pallidum, margine
columellari late reflexo, ad umbilicum protracto.*
Diam. maj. 12, min. 10, alt. 7 millim.
Diam. apert. maj. 8, min. 6 millim.

Cette espèce, provenant des monts calcaires entre
Cérines et Nicosie, se rapproche un peu de l'*H. granulata* Roth (Diss. 16 T. 1 f. 3. 19) que M. Pfeiffer réunit à l'*H. berytensis* Fer. (Mon. 1. 138. Chemn. T. 17 f.
11. 12). Cependant les différences constantes, que présentent les trois exemplaires de M. Bellardi semblent
surpasser celles que comportent de simples variétés.
Notre espèce est bien plus déprimée, le dernier tour
n'est point renflé, mais proportionné aux autres, la circonférence est ornée d'une bande blanchâtre, l'ouverture
est transversalement élargie, le peristome, à bords assez
rapprochés, est distinctement refléchi et surtout prolongé
en large languette vers l'ombilic.

M. Pfeiffer placerait l'*H. nicosiana* à côté de l'*H.
granulata* dans le voisinage de l'*H. incarnata* Müll. Les
deux premières ont cependant un caractère un peu différent. Au lieu d'un chagrinage ou trellessi très-fin, on
observe des granulations bien séparées, quoique rappro-
chées, et rangées en lignes obliques, mais irrégulières
croisant les stries d'accroissement. Ce genre de granulations se lie ordinairement à l'apparition de poils. L'ombilic, assez marqué, les distingue des autres espèces,
avec lesquelles on pourrait les confondre, telles que l'*H.
consona* Ziegl. (Pfeiff. 1. 140. T. 97. f. 20. 22), *vicina*
Rossm. (Icon. No. 689), *testa* Ziegl., qu'il ne faut pas
réunir à l'*H. incarnata* M., l'*H. convexa* Arad, etc.

Il se trouve en outre à Cypre une coquille un peu différente, que nous considérons comme

2. Helix nicosiana Mss. — Var. *pallida* Mss.

T. subdepressa, fragilis, subpellucida, pallida, subangulata, granulis minimis; apertura minor, lunato-rotundata, margine columellari vix protracto.

Les différences consistent dans la fragilité, la forme déprimée plus applatie, la couleur plus claire, le bord columellaire peu prolongé. Ces différences ne me semblent pas suffisantes pour autoriser, d'après un seul exemplaire, la séparation d'avec l'*H. nicosiana* proprement dite, dont on ne connaît point la variabilité.

3. Helix syriaca Ehrenb. — Symb. physic. I. No. 8. — Pfeiff. Mon. I. 131. Chemn. T. 98. f. 4—6.

Recueillie en quantité dans les alluvions du fleuve de Sirianocori.

Il a été dit à l'occasion de l'*H. Olivieri* Fer. que l'*H. syriaca* Ehrb. constituait une seconde espèce, plus petite et plus déprimée, qui apparaissait sur la limite de l'*H. carthusiana* Müll. et la remplaçait dans les contrées les plus méridionales de l'Europe. En s'étendant de la Sicile vers le Levant, elle se modifie, comme le fait l'*H. Olivieri*, en diverses variétés, parmi lesquelles on peut surtout citer les deux suivantes.

1) *Var. gregaria* Ziegl. — Rossm. Icon. No. 569.

En somme plus petite que l'H. carthusiana. La Perforation se réduit à un point minime ou plus souvent encore, n'est accusée que par un faible relèvement du bord columellaire. Bord basal tendu et droit. Nous nous sommes assuré par l'examen de nombreux échantillons de diverses sources, que tout ce qu'on trouve aux environs de Naples et en Calabre appartient à cette espèce, et non à l'*H. carthusiana.*

2) *Var. onychina* Rossm. — Icon. No. 568.

Dans la Calabre et en Sicile la forme précédente devient plus solide, la perforation disparaît presque entièrement, le bord basal reste droit jusqu'à son insertion, la surface s'orne de deux bandes lactées, l'une suivant la suture, l'autre au côté supérieur de la circonférence; la base pàrcontre, à l'exception du centre, se charge moins de substance calcaire que dans l'*H. Olivieri*. Cette variété se répand au loin vers l'Orient, à travers la Morée, Candie, Cypre jusqu'en Syrie, d'où venaient les échantillons de M. Ehrenberg.

4. Helix figulina Parr.

A l'exception de fines lignes concentriques, plus visibles qu'à l'ordinaire, sur les tours moyens, nous ne saurions découvrir de différences d'avec la forme typique.

5. Helix lenticula Fer.

Dans les alluvions du fleuve Sirianocori.

L'*H. lenticula*, comme on sait, est une des espèces les plus constantes sur tout le pourtour de la Miditerranée et jusqu'à Madère. Les variations, à ce qu'il paraît tout-à-fait locales, se réduisent à de petits changements dans l'angle de la carène. Les exemplaires de Cypre et des côtes de la Syrie ne peuvent se distinguer de ceux de la France et de l'Italie.

6. Helix pisana Müll.

Recueillie près du Lazaret de Larnaca.

La forme ordinaire, test et peristome colorés en blanc.

7. Helix cretica Fer.

Var. *littoralis* Mss.

T. minor, subtus paulo convexior, minus distincte striata, grisco—variegata.

Cette forme, fréquente sur le littoral de l'île, ne

diffère que par les faibles particularités indiquées des échantillons de Syra et de Rhodes. Probablement l'*H. cretica* présentera-t-elle, lorsqu'on en connaîtra mieux la répartition, des variations aussi nombreuses que l'*H. variabilis*, qu'elle paraît remplacer dans la plupart des contrées du Levant. Cette dernière se retrouve cependant en Armènie, d'où M. Huet l'a rapportée d'Ispir.

7. Helix cyparissias Parr. — Pfeiff. Mon. I. 171.

Trouvée en quelques exemplaires dans les alluvions du fleuve près Sirianocori.

Cette petite espèce, peu apparente, rentre dans le groupe de l'*H. candidula* Stud. et pourrait bien n'en être qu'une variété; du moins l'affinité avec l'*H. apicina* Lam., énoncée par M. Pfeiffer, nous paraît, quant à la forme, moins marquée. Elle ne diffère de l'*H. candidula* que par ses petites dimensions (6 millim. au plus), ses stries plus marquées, sa spire un peu plus conique, sa coloration en taches plutôt qu'en bandes. Les variations, que subit l'*H. candidula* vers le Midi et l'Orient mériteraient d'être constatées avec soin.

8. Helix Liebetrutti Alb. — Zeitschrift 1852. 124. Chemn. T. 101. f. 6—8.

Du même endroit que l'espèce précédente.

Cette curieuse espèce, rapportée pour la première fois par M. Liebetrutt, semble tout-à-fait particulière à l'île de Cypre. Sa spire, aussi élevée que dans l'*H. Caroni* Desh., est formée de tours rudement costulés et insolitement convexes; la base n'est point applatie et devient lisse vers l'ombilic qui se réduit à un point. L'espèce la plus voisine nous paraît être l'*H. agnata* Ziegl. de l'île de Lesina en Dalmatie, laquelle dans l'Icon. de M. Rossmaessler se trouve figurée No. 348 comme *H. conica* var. *sulculata* Jan. et reléguée dans la Mon. de M. Pfeiffer

(Mon. I. 161) parmi les variétés de l'*H. pyramidata*, — deux rapprochements qui sont également inadmissibles, si réellement l'*H. agnata* se trouve accompagnée, mais sans transition, des deux autres espèces.

9. Helix Bellardii Mss.

> *T. obtecte umbilicata, globoso-depressa, solidiuscula, laeviuscula, vix striatula, fusculo—grisea vel albescens, zonis 5 fuscis fulguratim albo interruptis ornata; anfr. 4 ½, usque ad summum obtusum convexi, sutura subimpressa, ultimus antice valde deflexus, subteres; apertura obliqua, rotundata; perist. late expansum, plane labiatum, album; marginibus conniventibus, callo crasso junctis, columellari umbilicum modicum semitegente.*

Diam. maj. 33, *min.* 24, *altit.* 20 *millim.*

Apert. diam. maj. 19, *min.* 17 *millim.*

Sur les rochers calcaires entre Cérines et Nicosie.

Pour justifier l'établissement de cette espèce il faut jeter un coup-d'oeil sur tout le groupe auquel elle appartient. Dans ce groupe, comme dans plusieurs autres, chaque auteur s'est appliqué à classer les formes qu'il avait à sa disposition sous les différents noms antérieurement proposés, en négligeant quelques-uns des caractères indiqués dans les descriptions ou les figures. Il en est résulté un chaos qu'on ne saurait débrouiller qu'en suivant la distribution géographique et en adoptant un plus grand nombre de formes, que celui qu'on admet ordinairement. Pour le moment il n'est guère possible de réduire ce nombre sans user d'arbitraire.

En négligeant les espèces qui appartiennent au continent européen (les *H. Codringtoni* et *navariensis* **Gray.**, *Ferrusaci* **Jan.**, *Chelmea* **Boiss.**), je crois devoir distinguer les formes suivantes, auxquelles j'ajoute de suite la patrie pour faire ressortir leurs relations géographiques.

1) *H. diulfensis* Dub. (inédite).
Diulfa (Dubois), Ordubat (Parreyss).

2) *H. guttata* Oliv. (nec Rossm., Pfeiff., Charp.).
Orfa en Mésopotamie (Olivier. Ferussac).

3) *H. Bellardii* Mss.
L'île de Cypre (Bellardi).

4) *H. caesareana* Parr. (guttata auct.).
Saida (Bellardi), Caesarea (Liebetrutt), Banias (Boissier).

5) *H. spiriplana* Oliv.
    a. *typica*. — Creta (Olivier), Rhodes (Bellardi).
    b. *var. hierosolyma* Boiss. — Jérusalem (Boissier, Liebetrutt).

Les *H. caesareana* et *spiriplana* sont nettement tranchées des trois autres par un caractère facile à saisir, savoir la présence dans les premiers tours, quelquefois même jusqu'au dernier, d'une carène très prononcée, souvent marginée, ce qui rend ces tours, vus par en haut, entièrement plats. Les 3 autres espèces n'ont pas la moindre trace de carène, leurs premiers tours sont convexes comme les derniers et la suture est régulièrement enfoncée.

Qu'on examine maintenant la figure de M. Olivier (T. 31. f. 8) et celle de M. de Ferussac (T. 38. f. 2), qui représentent évidemment la même coquille, et l'on se convaincra que la vraie *guttata* Oliv. a des tours convexes jusqu'au sommet. Ainsi la coquille du Liban, que la plupart des auteurs ont prise pour la *guttata*, que M. de Charpentier surtout a distinguée de l'*H. spiriplana* (Zeitschr. 1847. 135), ne doit plus porter ce nom, comme au reste la patrie différente pouvait le faire pressentir. Nous lui laissons le nom de *caesareana* que M.

Parreyss lui a donné. L'*H. caesareana* et l'*H. spiriplana* var. *hierosolyma* sont par leurs caractères et géographiquement les plus proches voisines. La première se distingue de la seconde par ses plus fortes dimensions, sa forme moins surbaissée, son dernier tour moins anguleux, ses bords moins rapprochés, l'absence d'un ombilic persistant, enfin le manque presque complet de fines granulations.

La vraie *guttata* Oliv. paraît fort rare; nous n'en connaissons qu'un exemplaire dans la collection de M. de Charpentier. Mais elle se place, d'après ses caractères, comme géographiquement, entre l'*H. diulfensis* Dub.*) du bassin de l'Araxe et l'*H. Bellardii* de Cypre. L'*H. diulfensis* est plus déprimée et plus fragile que la *guttata*, elle n'est que très faiblement maculée, presque blanche, assez lisse; elle a un bord mince peu labié, l'ombilic couvert d'une lame fragile et nulle callosité entre les bords.

L'*H. Bellardii* en diffère dans le sens opposé. Elle est la plus globuleuse du groupe, de la forme de l'*H. insolida* Ziegl., sa surface est presque lisse, à peine striée, quelquefois un peu vermiculée, cornée grisâtre ou blanchâtre, ornée de fascies très interrompues et incomplètes. La spire, composée de tours convexes, s'élève régulièrement vers un sommet assez obtus. La bouche, munie d'un péristome blanc très largement évasé, se rapproche d'une ellipse arrondie, qui se complète au moyen d'un callus, dans les vieux individus assez épais, qui réunit les deux bords fort rapprochés. Le bord co-

---

*) Les espèces nouvelles recueillies dans les provinces caucasiennes par M. Dubois seront sans doute publiées par M. de Charpentier.

lumellaire à partir de son insertion s'étend en ligne courbe et non droite jusqu'à la base. L'ombilic est ordinairement recouvert ; il y a cependant une variété assez constante, provenant probablement d'une localité différente, dans laquelle il n'est pas caché sous la large expansion du bord.

Var. occlusa **Mss.**

T. subdepressa; anfractus superne juxta suturam planiusculi; umbilicus major, partim modo intectus.

L'*H. Bellardii* rapelle à quelques égards l'*H. sarco-stoma* W.ebb. des Canaries, dont elle diffère cependant par la présence d'un ombilic (fermé ou recouvert) et la forme toute autre du bord basal.

10. Chondrus attenuatus Mss.

T. rimata, cylindraceo-ovata, utriusque attenuata, solidula, decussatim subtiliter striata, pallide-cornea; anfractus 7, primi convexi, summo subpapillari, ceteri plani, sutura superficiali, ultimus 1/3 longitudinis aequans, subascendens, ad basin attenuatus; apertura; fere verticalis, parvula, subrhombea, ad basin angulosa; columella brevis, distincte plicata; perist. albolabiatum, expansum, marginibus vix approximatis, linea callosa supra tuberculata junctis, libero arcuato, columellari brevi, patente.

Longit. 16—18 diam. 6—7 millim.

Apertura long. 7, lat. 5 millim.

Cette espèce, trouvée en petit nombre sur les rochers calcaires entre Cérines et Siconie se rapproche des *B. Ehrenbergi* Pfr. (Mon. II, 127. Raeve T. 60. f. 411) et *B. athensis* Friw. (Pfeiff. Mon. II. 127), que je n'ai pas eu occasion d'examiner. Elle en différerait cependant par les caractères suivants: la surface, dans le sens de la spire, est finement mais distinctement striée, surtout vers le haut des tours; ceux-ci sont moins nombreux et plus gros; l'ouverture est irrégulière, le bord droit arqué, le bord gauche rectiligne forme un angle avec le premier; la columelle, vue latéralement, se termine par un plis assez prononcé; enfin le dernier tour est comprimé base et forme un ouverture insolitement petite.

Le *B. Ehrenbergi* paraît appartenir au groupe des *B. labrosus* Oliv., les *B. athensis* et *attenuatus* se rapprochent bien plus du *Chondrus pupa* Linn.

11. Chondrus Truquii Bellardi.

> *T. rimato-perforata, cylindraceo-oblonga, solida, nitida, striatula, submarginata, coerulescente-alba; anfr. 7—8, primi convexi, obscure cornei, sequentes planiusculi, sutura vix impressa, ultimus $\frac{1}{3}$ spirae non aequans, antice ascendens; apertura verticalis, oblique angulato-elliptica, intus lutescens, exhibens denticulum evanescens in pariete, alterum transversale juxta marginis dextri insertionem; perist. late et limbiforme expansum, aperturam intus coarctans, margine recto late subdenticulato, sinistro columellans denticulato-truncatam occultante, juncto cum altero callo tenui.*

Long. 13—15 diam. 5 millim.

Apert. min. perist. long. 4 $\frac{1}{2}$, lat. 3 $\frac{1}{2}$ millim.

En nombre sur les arbustes au-dessus de Fassulla près Limassel.

Cette charmante espèce se lie de la manière la plus intime comme forme distincte, au deux espèces *B. alumnus* Parr. et *Parreyssi* Pfr. (Mon. II. 133. Phil. Alb. II. T. 5. f. 5) et offre un nouvel exemple de la prédominence de certains types dans certaines contrées. Ces trois formes semblent représenter en partie le groupe du *B. tridens*. Les dents de la paroi aperturale et de la columelle sont encore plus ou moins visibles, celles du péristome, fortement développées dans les *B. Bergeri* et *septemdentata* Roth, se fondent ici en un large bord limbiforme qui rétrécit l'ouverture et caractérise ces trois espèces.

Les différences du *Ch. Truquii* d'avec le *B. alumnus* sont les suivantes: Le test, au lieu d'être en entier corné, ne l'est qu'au sommet, le reste prend une couleur lactée-bleuâtre; les tours ne sont pas convexes, souvent presque plans, séparés par une fine suture linéaire; la dent pariétale, distincte dans les deux autres espèces, n'est que rudimentaire et manque souvent, mêmes dans les individus les plus âgés; le péristome est encore plus large et présente avant l'insertion du bord droit un faible élargissement, comme dernière trace de la dent marginale du *B. tridens.*

Le *B. Parreyssi* Pfr. est plus petit, moins cylindrique, il possède au moins un tour de moins, les dents pariétales et columellaires sont plus fortes, tandis que le péristome limbiforme l'est beaucoup moins. Je ne serais cependant pas étonné de voir ses 3 formes se réduire avec le temps à des variétés locales d'une même espèce.

12. Chondrus limbodentatus Mss.

T. rimato-perforata, oblonge-ovata, solidula, nitida, carneo-alba, striatula; spira obtuse conica; anfr. 6½, primi cornei, convexi, sequentes subplani, subtiliter marginati, ultimus fere ⅓ longit. aequans, basi subcompressus, vix ascendens; apertura verticalis, late truncato-ovata, 5 dentata, dente primo saepe obsoleto, ad marginis recti insertionem disposito, secundo profundo in pariete, tertio et quarto, non immersis, in medio marginis liberi, quinto parvulo columellari; perist. fortiter labiatum, crassiusculum, marginibus callo tenui junctis.

Longit. 10 *diam.* 4 *millim.*

Long. apert. perist. 3 ½ , *lat.* 3 *millim.*

Des alluvions de Sirianocori.

Malgré ma répugnance à créer un nouveau nom dans un groupe qui en abonde déjà, j'ai bien dû m'y décider, puisqu'aucun autre ne pouvait convenir à cette espèce. Elle se place naturellement entre le *B.* 7. *dentatus* Roth (Diss. 19. T. 2. f. 2) et les *B. alumnus* Parr. et *Parreyssi* Pfr. (Mon. II. 133), avec lesquels elle partage assez la forme et l'aspect. Mais elle diffère du premier par un bord épaissi, à dents superficielles et non enfoncées, par une dent pariétale unique et non double, par l'absence presque complète de la dent basale, en général par un faible développement des dents. Des deux autres espèces elle diffère par son bord moins limbiforme et ses deux dents égales graniformes, au milieu du bord droit. J'ai comparé un assez grand nombre d'exemplaires pour m'assurer de la constance de ces caractères. Je parlerai plus tard d'une variété de cette espèce qui habite la Syrie, sans se confondre ni avec le *B.* 7 *dentatus*, ni avec la *Pupa ovularis* Oliv. (Voy. T. 17. f. 12).

13. Chondrus quadridens Müll.

Il est assez curieux, à moins d'erreur dans les étiquettes, de voir reparaître en Cypre (dans les alluvions de Sirianocori) le type parfait de cette espèce, tel qu'on le rencontre en France et en Allemagne, tandis qu'en Dalmatie déjà il se modifie dans les *B. Botterianus* Phil. (Abb. II. 126. T. V fg.) et *seductilis* Ziegl. (Rossm. Icon. No. 724). Ce serait probablement le point le plus oriental où cette espèce ait été rencontrée.

14. Pupa dolium Dr.

Var. *sirianocoriensis* Mss.

T. major, breve rimata, regulare-cylindrica, summo

perobtuso; apertura paulo inclinata, retracta, mar-
ginibus subparallelis.

Cette coquille, trouvée en un seul exemplaire dans les alluvions du fleuve près de Sirianocori, ressemble beaucoup à l'espèce de Draparnand et je la considère provisoirement comme n'en étant qu'une variété. Le sommet est cependant plus obtus, terminant un cylindre parfait, l'ouverture n'est pas avancée jusqu'à devenir tangente à l'avant-dernier tour, mais un peu rétractée et inclinée, son bord droit, au lieu de se courber, se rapproche du parallelisme avec le bord columellaire, sans développer la callosité de la *P. scyphus* Friv.

15. Clausilia coerulea Fer.

M. Bellardi a reçu cette coquille comme provenant de l'île de Cypre. Les exemplaires sont un peu plus grands que ceux de Syra et ont les deux protubérences de la nuque presqu'également prononcées, ce qui ordinairement n'est pas le cas. Tous les autres caractères sont identiques.

L'apparition de cette espèce dans l'île de Cypre est une nouvelle preuve du domaine fort étendu qu'elle occupe en Orient, en le comparant surtout au terrain restreint de plusieurs autres Clausilies.

16. Clausilia saxatilis Parr. — Pfeiff. Mon. II. 419. Chemn. T. 10. f. 1—4.

Sur les murs de l'ancienne ville de Lapitos, environs de Cérines.

Cypre est la seule patrie connue de cette espèce, qui rapelle par ses costulations lamelliformes la *Cl. syracusana* Ph. (Enum. I. 131). Mais cette ressemblance n'est qu'apparente. De fait la *C. saxatilis* se rapproche beaucoup plus du groupe grec des *Cl. coerulea* Fer. et *Ulivieri* Roth, qui ont également une lunule incomplète, de faibles plis pariétaux et une lame palatinale unique. L'expression «basi cristatus» de M. Pfeiffer fait trop ressortir un caractère qui dans cette espèce justement est moins saillant que dans plusieurs autres.

17. Clausilio virgo Mss.

T. arcuato-rimata, fusiformi-turrita, nitida, vix striatula, opaca, lactea, punctis corneis rarissime aspersa; spira turrita, apice corneo vel obscure violaceo, acutiusculo; anfr. 11—12, primi convexi, ceteri plani, sutura levi, marginata, ultimus in medio latere compressus, striatus, basi in cristam tortam et striatam unicam producta; apertura rotundato-piriformis, intus lutescens; lamellae subaequales distinctae, supera ad marginem procedens, infera profundior; lunula distincta; plica palatalis unica, fere perspicua, columellaris immersa; perist. continuum, solutum, limbato-reflexum.

Long. 19 diam. 4 millim.

Apert. long. 4, lat. 3 1/4 millim.

Cette jolie espèce, recueillie sur les rochers calcaires entre Cérines et Nicosie pourrait au premier aspect être prise pour la *C. coerulea* Fer. La grandeur, la forme, la couleur sont analogues. La *C. virgo* cependant a la suture finement mais distinctement marginée, les tours sont encore plus lisses, le dernier extérieurement dans la partie moyenne fort comprimé et relevé en une crête unique, accompagnée au côté du bord libre de l'ouverture d'un faible renflement allongé. L'ouverture est beaucoup plus ronde, plus largement bordée, faiblement colorée à l'intérieur; la lunule, en brisant l'ouverture, est peu accusée dans les jeunes, mais très distincte dans les vieux individus.

Il y a une autre espèce, inédite encore, avec laquelle

la *C. virgo* a plus de ressemblance et à laquelle il faudra peut-être la réunir comme variété, c'est la *C. scopulosa* Parr. de Zante. Notre espèce a les tours plus larges et moins convexes, le dernier plus amaigri et comprimé, la crête plus courte, l'ouverture moins avancée, enfin les lames plus marquées et plus visibles.

18. Melanopsis Ferussaci Roth. — Diss. 24. T. 2. f. 10.

De l'aqueduc de Larnaca.

M. Roth a détaché de la *M. buccinoidea* Oliv., que la plupart des auteurs ne considèrent elle même que comme une variété plus élancée et plus foncée de la *M. praerosa* Lin. (laevigata Lan.), une forme qu'il caractérise par les termes suivants: «irregulariter et obsolete costata vel striata», puis «margo externus juxta callum exiguum ita inseritur ut canali, quae hoc loco in *M. laevigata* observatur, locus non detur, sinus inter columellae apicem et marginem externum latior quam altior». Dans les nombreux exemplaires de Cypre on reconnait assez bien ces caractères: la surface, quoique lisse, laisse apercevoir, surtout dans les tours supérieurs, de faibles rides ou costulations; l'insertion du bord droit ne s'elève pas autant que dans la *buccinoidea* pour envelopper le tour précédent, — toutefois il se trouve des individus qu'isolément on serait embarrassé de classer.

SYRIE.

1. Helix berytensis Fer. — Tabl. syst. 47. — Pfeiff. Mon. I. 138.

Var. *granulata* Roth. — Diss. 16. T. I. f. 3. 19.

N'ayant pas vu d'échantillons authentiques de l'espèce de M. de Ferussac, je ne puis que suivre l'exemple de

M. Pfeiffer qui lui adjoint l'*H. granulata* Roth. Toutefois, si la figure dans Chemn. T. 17. f. 11. 12 est quelque peu exacte, cette dernière, assez bien représentée dans la Dissertation de M. Roth, en différerait sensiblement et ne pourrait guère en être qu'une variété. Les exemplaires, rapportés en petit nombre des rochers du Liban par M. Bellardi, se distinguent de la figure dans Chemnitz par leur spire plus déprimée et plus serrée, des dimensions plus fortes, une ouverture moins élargie, des bords plus rapprochés, l'inférieur se prolongeant à côté de l'ombilic en une languette triangulaire. Ils répondent mieux à la figure de M. Roth, qui représente un individu non adulte; seulement la sculpture de la surface se compose plutôt, comme dans l'*H. incarnata* Müll. d'un chagrinage en petites élévations allongées que de granulations isolées et pilifères. Pour la grandeur et le port l'espèce de Liban ressemble à l'*H. fruticum*, qui, comme on sait, au lieu de granulations présente de fines lignes décurrentes. Elle en diffère aussi par des tours plus convexes et des bords plus rapprochés. Les espèces grecques et caucasiennes, d'un aspect semblable, telles que les *H. Rissoana* Pfr. (Mon. I. 138), *fruticola* Kryn. (id. I. 136), *Schuberti* Roth (id. I. 137) etc. ont toutes un ombilic plus étroit et un test sans granulations.

2. Helix syriaca Ehrenb.

Du mont Liban. C'est la forme typique de l'auteur.

3. Helix obstructa Fer. — Fer. et Desh. I. 110. T. 90. f. 10.

De Saïde en Syrie.

Cette espèce, voisine de l'*H. syriaca*, est connue de la Syrie et de la Basse-Egypte, où elle est très commune, enfin de Tripoli (Ferussac.). Elle s'en distingue de suite, par la forte déviation du dernier tour à l'endroit de l'ombilic, qui reste ponctiforme. Ce caractère ne se retrouve que dans peu d'espèces européennes d'une manière marquée, dans l'*H. Gigaxii* Charp. (*intersecta* Poir. sec. Shuttl.), voisine des *H. striata* et *neglecta* Drap., et dans l'*H. Krynickii* Andrz., appartenant au groupe de l'*H. obvia* Hartm.

4. Helix cariosa Oliv. — Voy. II. 221. T. 31. f. 4.

Espèce bien connue, que M. Bellardi a trouvée au mont Liban, tandis que la plupart des voyageurs l'ont rapportée de Beirut. Elle appartient au même groupe que les *H. tunetana* Pfr. (Mon. III. 160. Chemn. T. 134. f. 3. 4) *mograbina* Morlt. (Journ. de Conch. 1852. 62. T. I. f. 11—13), qui paraît bien distincte de la précédente, *cariosula* Mich. (Alg. 5. T. I. f. 11. 12), enfin, dans le sens des carocolles aigües, l'*H. turcica* Chemn. (Fer. T. 65. f. 15. 16), — quatre espèces curieuses, dont trois passent pour rares dans les collections.

5. Helix caesareana Parr.

Des environs de Saïde.

A l'occasion de l'*H. Bellardii* Mss. j'ai parlé de cette espèce et indiqué les motifs qui m'empêchaient de suivre l'exemple des autres auteurs, qui la considèrent comme la vraie *guttata* Oliv. Les exemplaires rapportés par M. Bellardi ne diffèrent en rien de ceux que je dois à l'obligeance de MM. Boissier et Parreyss.

6. Bulimus labrosus Oliv. — Voy. T. 3. f. 10.

M. Bellardi a recueilli cette belle espèce, bien connue par la figure très reconnaissable qu'en a donné M. Olivier, sur les rochers du Liban. Tous les exemplaires, quoique très différents sous le rapport de la grandeur et de l'épaisseur, appartiennent à l'espèce typique ayant $6\frac{1}{2}$ tours et un sommet moins obtus. Il y en a parcontre qui atteignent et même surpassent les plus grands individus que j'aie vu du *B. Jordani* Charp. (Zeitschr. 1814.

141). Je ne puis décider, — ce qui pour ma part me paraît probable, — si ces deux formes, qui au fond ne diffèrent que par le nombre des tours (le *B. Jordani* en a un de plus) et le sommet plus ou moins obtus, ne sont, comme le pense M. Pfeiffer (Mon. I. 65), que des variétés d'une seule espèce ou des espèces réellement distinctes. Les localités n'étant pas très distantes, on reconnaîtra avec le temps s'il y a passage entr'elles ou non.

7. Bulimus sidoniensis Fer. — Tabl. syst. 60.

Sur les rochers au M. Liban.

Cette espèce, que M. Boissier avait également rapportée de Beirut (Zeitschr. 1847. 141), paraît assez répandue en Syrie. Elle se lie, d'un côté, par le contour et l'insertion des bords, ainsi que par la forme de la columelle, malgré les proportions différentes, au groupe du *B. labrosus* Oliv., de l'autre, par sa coquille cylindrique et allongée, aux espèces *B. pullus* Gray. (Prot. zool. Soc. 1834. 66) et *insularis* (Pupa), Ehrbg. (Symb. Pfr. Mon. I. 307) que M. Pfeiffer réunit en une espèce (Mon. III. 403). Le *B. sidoniensis* avait d'abord été placé par ce même auteur, bien à tort, sous le nom de *bulimoides* Pfr. (Mon. II. 308) dans le genre Pupa.

Les formes les plus voisines du *B. sidoniensis* sont d'abord le *B. syriacus* Pfr. (Mon. II. 66), qui en est pour ainsi dire une forme gigantesque, à test coerulé et à bord développé; puis la petite espèce que M. Parreyss nomme *B. turbatus*, qui habite les côtes de la mer noire depuis l'Iméreth jusqu'à Sevastopol. Cette dernière a l'ouverture plus petite et plus ronde, un péristome plutôt épaissi que réfléchi et une columelle sans plis apparent, — ce qui lie ce groupe avec les espèces de la Walachie et de la Transylvanie.

8. Bulimus acutus Müll.

Des environs de Saide. Il ne se distingue pas des échantillons des côtes de France.

9. Chondrus septemdentatus (Pupa) Roth. — Diss. 19. T. 2. f. 2. Pfr. Mon. III. 358.

M. Bellardi a recueilli cette charmante espèce sur les rochers du Liban et aux environs de Saide. M. Boissier l'avait trouvée à Bairut, M. Roth à Damascus; ainsi elle habite une grande partie de la Syrie. Elle se lie évidemment aux petites espèces *B. ovularis* Oliv. et *nucifragus* Parr., dont la dernière se repand plus vers le Nord.

10. Chondrus limbodentatus Mss.

Var. *abbreviatus* Mss.

> *T. minor, ovata, contracta; sutura albo-marginata; apertura fere semicircularis; dentes distinctiores, non producti.*

Cette variété, qui n'a que 8 mill. de longueur sur $4^1/_2$ de diamètre, pourrait être prise pour une forme naine et peu développée du *B. septemdentatus* Roth, mais comme tous les caractères sont persistants et parfaitement d'accord avec ceux de l'espèce de Cypre, je n'hésite pas à l'en séparer.

11. Chondrus ovularis. — Voy. T. 17. f. 12.

Des environs de Saide.

Cette petite coquille, quoique figurée par M. Olivier à ne pas s'y méprendre, a cependant souvent été méconnue. M. Pfeiffer ne l'a pas directement examinée (Mon. III. 55) et éloignée du groupe auquel elle appartient. Ce qui la distingue de ses congénères d'égale grandeur, c'est d'abord sa forme extrêmement racourcie, presque globuleuse, puis son ouverture écrasée en une fente oblique à bords dentés, enfin la présence de deux dents presqu'égales sur la paroi de l'ouverture, tandis que les *Ch. nucifragus* Parr. (Mon. II. 145), *turgidulus* Ch. et *phasianus* Dub. (inéd.), provenant de la Syrie, de Cypre et de la Transcaucasie, n'en possèdent qu'une. Elle appartient du reste au groupe caractéristique du *Chondrus septemdentatus* Roth, qui domine en Orient sur les Pupas proprement dites et auquel appartient également l'espèce sénèstre, *Ch. Saulcyi* (Bul.), récemment publiée par M. Bourguignat (Journ. de Conch. 1853. 73).

12. Pupa Lindermeyeri Parr.

La plupart des indications qui se rapportent à la présence de la *Pupa doliolum* Brg. dans le Levant ont besoin d'être vérifiées, sans en excepter celles de MM. Roth et Forbes, car elles ont trait à plusieurs formes un peu différentes, dont les rapports avec la forme typique ne sont pas encore bien établis. En allant vers l'Est on rencontre les formes suivantes :

1) La vraie *P. doliolum* Brg., qui s'étend jusqu'au-delà des frontières de l'empire turc. M. Strobel la cite de Méhadia (Malac. ungher. 21). Près de Laibach elle se trouve petite et allongée.

2) Dans la Macédoine et la Rumélie elle fait place à une forme régulièrement cylindrique, non renflée vers le sommet, qui n'est que striée et non costulée, mais ne la surpasse pas en grandeur. Peut-être voudra-t-on la considérer encore comme une variété de la précédente.

3) Vient ensuite au Midi et vers l'Est, en Morée et dans l'Asie mineure, près de Brussa et de Smyrne, la vraie *P. scyphus* Friv., plus grande (jusqu'à 9 mill.), plus alongée, plus régulièrement cylindrique que la *P. doliolum*. La surface est presque lisse et polie; l'ouverture un peu alongée, a ses bords presque parallèles;

le bord libre s'éppaissit au milieu en une faible callosité, accusée à l'extérieur par une faible dépression.

4) En Syrie se trouve, je ne sais dans quels rapports avec la précédente, une forme voisine que M. Parreyss nous a envoyée sous le nom de *P. Lindermeyeri* Parr.*). L'extérieur est identique, la bouche parcontre est un peu plus arrondie et la columelle munie, au lieu d'un fort pli, de deux faibles plis égaux et inclinés. C'est à cette forme, qui ne paraît être qu'une variété de la précédente, qu'il faut rapporter l'espèce du Liban, recueillie par M. Bellardi.

13. Pupa granum Drap. — Hist. 63. T. 3. f. 45. 46.

Parmi les espèces portant l'étiquette Saide, il se trouve un exemplaire d'une petite Pupa, ramassé mort, qui me paraît appartenir à l'espèce de Draparnaud. Je ne connais pas de point plus oriental où cette espèce française eût été reconnue.

14. Glandina (?) acicula Müll.

Cette petite espèce, difficile à trouver à l'état vivant, est une des coquilles les plus répandues. Depuis Madère et Ténériffe elle s'étend sur tout le continent européen jusqu'en Orient. M. Bellardi vient de la rapporter en quelques exemplaires bien conservés des environs de Saide. L'examen, le plus scrupuleux ne me laisse pas découvrir la moindre différence d'avec les échantillons de l'Europe moyenne.

15. Glandina (?) aciculoides Jan. — Mant. 2.

Var. *torta* Mss.

Apertura basi paulo compressa; columella incurva, filo tortuoso terminata.

---

*) Originairement l'auteur lui-même ne l'avait pas distingnée de la *P. scyphus* Fr.

Cette espèce se rapproche dans son ensemble tellement de l'espèce lombarde, que pour le moment je ne la considérerai que comme une variété de celle-ci, caractérisée par une ouverture un peu rétrécie vers la base et une columelle subitement tronquée. Toutefois le seul exemplaire, recueilli à Sayde, ne suffit pas pour bien établir ces différences.

16. Limnaeus truncatulus Müll. — Rossm. Icon. I. nᵒ. 57.

Les exemplaires, provenant des environs de Saide, sont très petits, de 4 à 5 millim. seulement, ils ont 4 tours de spire et une ouverture un peu plus arrondie que dans la forme ordinaire. Ayant reçu la vraie espèce de Müller (le *L. minutus* Drap) d'autres points de la Syrie, je pense, qu'en tenant compte de la variabilité des Lymnées en général et de cette espèce en particulier, on ne peut en séparer la forme actuelle que comme variété locale et non comme espèce distincte.

17. Cyclostoma Olivieri Sow. — Pfeiff. Mon. pn. 224. B.

Je maintiens provisoirement avec M. de Charpentier (Zeitschrift 1847. 144) le nom que M. Sowerby a donné à cette forme de la Syrie, quoique M. Pfeiffer ne l'ait considérée que comme variété du *C. costulatum* Ziegl. (Rossm. Icon. No. 395). La grandeur, la couleur jaunâtre, surtout l'opercule paucispire, n'ayant que 4 circonvolutions au lieu de 5 ou 6, lui donnent une certaine indépendance. Toutefois il se rapproche beaucoup de l'espèce de Ziegler, qui à partir du Banat, suit les côtes de la mer Noire jusqu'au Caucase et au littoral de l'Asie mineure.

18. Paludina badiella Parr.

Je ne saurais découvrir de différence entre l'espèce

rapportée par M. Bellardi de la Syrie et celle de l'É-
gypte, à laquelle M. Parreyss a donné le nom de *P.
badiella*. Pour la grandeur et l'aspect total elle ressemble
beaucoup à la petite variété de la *P. rubens* Mke., qu'on
trouve à Palerme (Philippi Enum. I. 148. T. IX. f. 4).
Elle s'en distingue cependant par des tours moins convexes, une ouverture un peu plus allongée, un péristome
un peu évasé, intimement appliqué à l'avant-dernier tour,
enfin un ombilic disparaissant, accusé seulement par une
fente minime. Ces derniers caractères la distinguent également de la *P. similis* Mich. et de la *P. Boissieri* Charp.
qui en outre sont plus alongées.

M. Bellardi a trouvé cette espèce dans les eaux près
de Damas, puis dans celles des environs de Der-el-Ham-
mar (Liban); elle paraît donc répandue en Syrie.

19. Mélanopsis buccinoidea Oliv. — Voy. T. 17. f. 8.

De la vallée de Bka entre le Liban et l'Antiliban,
dans les eaux de l'ancien Léonthes.

J'attribue à cette espèce le nom proposé par M.
Olivier, par ce qu'elle répond parfaitement à la figure
qu'il a donnée, mais je ne prétends point pour cela la
séparer autrement que comme variété de la *M. praerosa*
Lin. Les Mélanopsides lisses de l'Orient, auxquelles il
faut rapporter les *M. praerosa* Lin. (laevigata Lam.), *buccinoidea* Oliv., *Ferussaci* Roth, *Wagneri* Roth, *brevis*
Parr., *orientalis* v. d. B. forment encore un ensemble difficile à débrouillier et qui ne pourra l'être qu'au moyen
de recherches suivies sur les lieux mêmes. La plupart
de ces noms ne désignent que certains jalons, plantés çà
et là dans un vaste champ incomplétement exploité;
chaque forme est reconnaissable à quelques caractères
un peu frappants; mais on ignore leur vraie valeur et
on néglige ordinairement les formes intermédiaires et

embarrassante : — en un mot, on se tient à des distinctions plutôt artificielles que naturelles.

20. Melanopsis brevis Parr.

Mêlée à la précédente dans les eaux de l'ancien Léonthes.

M. Parreyss a séparé des *M. buccinoidea* Ol. et *Ferussaci* Roth, une forme qui, quoique voisine, s'en distingue par plusieurs caractères : la moindre grandeur, le dernier tour moins alongé et moins plat, la columelle plus courte, plus excavée et un peu plus tordue à son extrémité, enfin une callosité faible et blanchâtre portant vers l'insertion du bord supérieure une faible protubérance. Le bord libre se détache, comme dans la *M. Ferussaci*, trop subitement de l'avant-dernier tour pour permettre la présence d'une rigole ; la surface extérieure parcontre est entièrement lisse et colorée en noir, à l'exception de la suture qui est plus claire. La plupart des Mélanopsides rapportées par M. Bellardi des eaux du Léonthes se rangent assez bien sous les deux formes *buccinoidea* et *brevis* ; cependant il s'en trouve, en petit nombre, qui forment, pour ainsi dire, la transition entr'elles et rendent leur séparation spécifique encore douteuse.

21. Truncatella Hammerschmidtiana Charp.

Des environs de Saïde.

Nous ne pouvons découvrir de différence entre cette espèce et celle que M. de Charpentier a recueillie à Venise, — et qui, peut-être, n'est qu'une variété ou forme non adulte de la *Tr. truncatula* Dr. On sait que ce genre traverse dans son développement deux états assez différents. D'abord élancée en spire acuminée, composée d'un grand nombre de tours, la coquille perd ensuite sa pointe et se réduit à 3 ou 4 tours, dont le dernier, à l'ouverture, produit un péristome épaissi. L'espèce de M. de Charpentier reste cependant plus petite que celle de Draparnaud, telle qu'on la trouve sur les côtes de France et d'Italie. L'ouverture est moins large et le péristome, proportion gardée, plus épais.

22. Neritina Bellardii Mss.

T. elongato—semiglobosa, laeviuscula, striatula, concolor violaceo—nigra; anfr. 3 convexi, summo laterali obtuso, saepe carioso, ultimus amplus, depressiusculus, obscurissime subbiangulatus, ad suturam appressus, de tertia parte fortiter deviatus; apertura patula, fauce semicirculari cum lumine augusto; labium columellare, callosum, planum, vix declive, lutescente—album, undato—edentulum; perist. acutum, marginibus distantibus, subparallelis; operculum albidum.

Long. 10—12, lat. 8—9, alt. 5—6 millim.

Apert. long. 9—10, lat. 8 ½ millim.

De la vallée de Bka entre le Liban et l'Antiliban, dans les eaux de l'ancien Léonthes.

Les Néritines de l'Orient sont tout aussi embarassantes que les Mélanopsides, soit à raison de la difficulté de les bien définir, soit à cause de l'emploi contradictoire qu'on a fait de la nomenclature. Ce n'est donc qu'avec hésitation que je propose une nouvelle espèce, ne pouvant la faire rentrer sous aucun des noms connus pour ces contrées. Elle se place naturellement entre la *N. meridionalis* Phil. (Enum. I. 159. T. IX. f. 13), trouvée en Sicilie et la *N. Jordani* Butl. (Roth. Dissert. 26. Tr. f. 14—16), commune dans la Palestine. De la première, dont elle se rapproche le plus, elle diffère par ses fortes dimensions, sa forme plus déprimée, son labium moins incliné et plus étendu, laissant une ouverture en proportion considérablement plus petite, l'absence totale de linéoles etc. D'un autre côté elle n'est pas cylindriquement comprimée et alongée comme la *N. Jordani*, ne possède pas la dépression décurrente, que cette dernière partage avec plusieurs espèces de l'Espagne, ne dévie que dans $1/3$ (et non $2/3$) de son dernier tour de l'enroulement régulier, est dépourvue de linéoles etc. Des deux espèces *N. Michoni* et *syriaca*, que M. Bourguignat vient de publier (Test. nov. 25. 26), sans se préoccuper des noms déjà existants, elle paraît également différer, à moins que cet auteur n'ait eu que des échantillons non adultes à sa disposition. Les expressions „T. tenui, rugosiuscula, subcancellata, septo gibbosiusculo etc.« employées pour la première, ne s'appliquent pas à la **N. Bellardi**. De la seconde, qui ne pourrait bien n'être que la *N. belladonna* **Parr.**, elle diffère par les dimensions plus que doubles, le moindre nombre de tours, la surface non polie, etc.

Les différences entre les *N. Bellardi* et *Jordani* ne tiennent pas, comme on pourrait peut-être le présumer, à leur position géographique. La *N. Jordani* en effet n'est point limitée à la Palestine, elle se trouve même, d'après la collection de M. Dubois, parfaitement identique aux environs de Poti dans l'Iméreth.

23. **Cyrena fluviatilis** Müll. — Philipp. Abb. II. 77. T. I. f. 5.

De la même localité que la Néritina Bellardii.

En me tenant pour la synonymie aux définitions de M. Philippi, il m'est impossible d'indiquer un caractère valable pour distinguer cette espèce de celle provenant de l'Asie orientale. Seulement elle est plus petite, ne surpassant guère 16 mill. sur 13. On la connaît, tout-à-fait identique, des environs de Talysch, sur la mer caspienne, d'où **M. Hohenacker** l'a rapportée, ce qui prouve sa grande extension sur le continent asiatique.

24. Cyrena crassula Mss.

> *Concha cordata, trigona, inaequilatera, crassa, transverse costulato-striata, olivacea, obscure transversim fasciata; umbones integri, producti, oblique subinvoluti; margines laterales rectiusculi, subangulo recto juncti, basalis arcuatus; ligamentum breve et forte; dentes validi, laterales subaequales, striati, anterior intus in marginem cardinis prolongatus, medii recti; pagina interna violacea, sinu palleari nullo.*

La petitesse de cette espèce, l'épaisseur remarquable des valves, l'élévation encore plus forte des crochets la distinguent de la *C. cor.* Lam. (Anim. s. v. VI. 274), que M. Olivier avait rapportée de l'Orient et avec laquelle M. Deshayes, je pense à tort, a réuni à-peu-près toutes les formes orientales que Müller et Lamark avaient distinguées. Dans l'espèce que nous proposons les deux bords latéraux, presque droits, ainsi que les dents latérales, ont des directions à-peu-près perpendiculaires l'un à l'autre. Les dents médianes assez fortes, se dirigent presqu'à angle droit sur le bord intérieur de la charnière, lequel penche fortement dans le sens de la dent latérale antérieure, dont il ne forme, pour ainsi dire, que la prolongation rectiligne. L'intérieur des valves est violet comme dans la plupart des espèces à dents latérales alongées et crenelées.

En proposant ce nouveau nom, je ne veux point préjuger sur les rapports de cette espèce à d'autres du même groupe. Pour le moment elle se présente comme une forme bien caractérisée. Mais il faut dire que, mêlés à un grand nombre d'exemplaires bien prononcés, il s'en est trouvé quelques-uns plus minces, plus larges, moins

élévés aux crochets, lesquels se placent entre cette espèce
et la précédente, soit comme lien naturel, soit comme
bâtard fortuit.

ADDITIONS ET CORRECTIONS.

De nouvelles données que je dois à l'obligeance de
M. le Prof. Roth de Munich, revenu depuis peu de temps
d'un second voyage dans la Palestine, m'obligent à quelques nouvelles remarques par rapport à plusieurs espèces,
dont il est question dans cette notice.

1. L'espèce de Rhodes que j'ai nommée *Zonites aequatus*, jouit, non sans quelques modifications, d'une
grande extension; M. Roth l'a recueillie à Athènes, à
Jérusalem et sur plusieurs autres points de l'Orient. Il
la considère comme identique avec l'*H. superflua* Rossm.,
provenant originairement de l'île de Candie. On ne connais de cette dernière que la diagnose et la figure qu'en
a donné M. Pfeiffer (Mon. III. 101. Chemn. T. 121. f.
10. 12), lesquelles diffèrent essentiellement du *Z. aequatus*. Ce dernier est plus déprimée, sa surface reste
presque matte (au lieu de „nitidula"), sa suture est superficielle (rien moins qu'„impressa"); il a un moindre
nombre de tours (dans les plus grands individus 5 au
lieu de 6), les tours ont un prompt accroissement (non
„sensim accrescentes"); le dernier, ainsi que l'ouverture,
est surbaissé et fortement transverse, tandis que M.
Pfeiffer le désigne comme „teres" et l'ouverture comme
„lunato-circularis". La sulpture au côté supérieur de la
coquille paraît assez semblable, seulement dans le *Z. ae-*

quatus les lignes spirales sont peu visibles et l'on voit
dominer, même au-delà de la circonférence, des rugosi-
tés minimes dans le sens des stries d'accroissement. D'a-
près cela il me paraît assez évident, que le *Z. aequatus*
n'est pas l'espèce décrite et figurée par M. Pfeiffer;
reste à savoir, ce que je ne puis décider, à laquelle des
deux formes devra en définitive revenir le nom de M. Rossmaessler. Au reste nous répétons de nouveau que le *Z.
aequatus* (*H. superflua* Rossm. sec. Roth nec Pfr.) doit
être très voisin de l'*H. protensa* Fer. (Fer. T. 82. f. 3.
Chemn. T. 83. f. 4. 6), également de la Syrie, et que
peut-être il devra lui être subordonné.

2. M. Roth se prononce également pour l'adjonc-
tion de l'*H. flavida* Zieglr. à son *H. Erdelii.* Il y joint
de plus l'*H. sudensis* Pfr. (Mon. I. 103. Chemn. T. 121.
f. 7—9) et l'*H. Friwaldskyana* sec. Desh. (Hist. I. 97.
Fer. T. 82. f. 1), laquelle paraît différente de l'espèce
de la Rumélie pour laquelle M. Rossmaessler avait proposé ce nom (Rossm. Icon. No. 691). L'*H. Erdelii* devient ainsi fort caractéristique pour la partie orientale de
la Méditerranée. Elle a été trouvée en Sicile (*H. strio-
lata* Phil. ou *flavida* Ziegl.), à Naples (Escher d. l. L.),
à Suda en Candie (Forbes sec. Pfr. *H. sudensis*), Rhodes
(*H. Erdelii* Roth, Bellardi), l'Asie mineure (Parr. in
sched.), Beirut (Oliv. *H. Friwaldskyana* sec. Desh.), Palestine (Roth).

3. A l'occasion du *Zonites smyrnensis* Roth, j'avais
fait mention, non sans doute, de l'*H. carica* du même
auteur. L'examen d'un exemplaire authentique de cette
espèce me prouve que la forme, que j'avais prise pour
telle d'après un envoi de M. Parreyss, en différait sous
divers rapports: par l'élévation plus forte de la spire, par
la convexité des tours, enfin par la sculpture, quoiqu'a-

nalogue, bien moins développée, et qu'elle devra en être séparée, sinon comme espèce, du moins comme variété.

4. L'espèce décrite sous le nom de *Chondrus attenuatus* n'est pas particulière à l'île de Cypre, M. Roth venant d'en rapporter une variété des environs de Jérusalem, qui n'en diffère que par sa columelle plus droite et presque dépourvue de plis. Il la considère comme le vrai *B. obesatus* des auteurs. Ce nom fut choisi par M. de Ferussac (**Prodr.** 451) pour une espèce de Syrie, dont il ne donna ni diagnose, ni figure. Le grand ouvrage de ce même auteur n'en fait pas mention; M. Deshayes la passe également sous silence. Plustard MM. Webb. et Barthelot disposèrent du même nom en faveur d'une espèce des Canaries, qui ne partage avec notre *Ch. attenuatus* qu'une ressemblance superficielle, puisqu'il faut placer l'une sous le groupe *Napaeus* Alb., et classer l'autre sous celui de *Chondrus*. En effet le *B. obesatus* W., d'après les envois de M. Blauner, quoique »ovato-cylindricus«, ne s'amoindrit pas dans son dernier tour, comme le fait d'une manière si frappante le *Ch. attenuatus*, et a en général une forme moins contractée et renflée, des tours plus élevés et plus convexes. Sa surface, fortement striée, presque costulée, laisse toujours apercevoir çà et là les granules irrégulières, qui caractérisent plusieurs espèces des Canaries; le *Ch. attenuatus* n'a que des fines stries d'accroissements, croisées par quelques stries spirales, mais sans aucunes granules. L'ouverture de l'*obesatus* est plus alongée, plus régulière, analogue à celle des autres espèces voisines; celle de l'*attenuatus* rappelle les Pupas et les deux bords se relient au moyen d'une callosité, qui développe à l'insertion supérieure du bords, à l'instar du *Ch. pupa* L., un petit tubercule calcaire,

dont l'autre espèce ne montre aucune trace. Nonobstant ces différences, M. Pfeiffer (Mon. II. 117) fond les deux formes en une seule espèce et donne sous le titre de *B. obesatus* Webb., avec la patrie Canaria, une diagnose qui ne convient qu'à l'espèce de la Syrie. Il semble, que même sans l'examen direct des deux formes, l'éloignement de leurs patries, sans lien intermédiaire, aurait dû prémunir contre un rapprochement semblable. — En admettant la différence des deux espèces, il reste à décider à laquelle devra être donné le nom de *B. obesatus*? Si, d'un accord commun, on revendique la priorité d'un nom pour l'auteur qui le premier en a clairement fixé le sens, certes l'espèce de M. Ferussac, étayée d'aucune description, ni figure, enveloppée aujourd'hui encore de doute, ne pourra le réclamer, et il faudra le laisser, conformément à l'emploi qu'en ont fait la plupart des auteurs, à l'espèce de M. Webb. L'espèce de Syrie restera ainsi sans nom et il faudra lui donner ou celui de *B. obesus* (Mastus) Beck, qui paraît aussi peu fixé que le nom de M. de Ferussac, ou celui d'*attenuatus* que j'ai proposé dans cette notice.

5. L'examen d'une grande quantité d'individus de l'*H. spiriplana* Oliv. *var. hierosolyma*, recueillis aux environs de Jérusalem, portent M. Roth à ne mettre aucune valeur à la présence ou à l'absence de l'ombilic, et à réunir en conséquence cette forme à celle que M. Parreyss a nommée *caesareana* et que M. Charpentier a prise pour l'*H. guttata*. Une étude attentive des exemplaires mêmes que je dois à la bonté de M. Roth, me prouve cependant, que si les deux formes habitent la même contrée et constituent une même espèce, elles conservent encore certains caractères, qui en empêchent la fusion totale. L'*H. spiriplana*, dans ses deux formes *typica* et

var. *hierosolyma*, conjointement avec un ombilic plus ouvert, et par ce motif rarement incrusté, a toujours ses
tours nucléolaires chargés de grossières granulations,
tandis que l'*H. caesareana*, à ombilic étroit et presque
toujours recouvert, présente un nucléolus presque lisse
ou à peine finement granulé. Cette différence se vérifie sur tous les exemplaires des deux formes que j'ai
eu occasion d'examiner.

EXPLICATION DE LA PLANCHE.

Fig. 1. Zonites aequatus Mss.
  »   2. Helix nicosiana Mss.
  »   3. Helix nicosiana var. pallida Mss.
  »   4. Helix Rothi Pfr. var. obsita Mss.
  »   5. Helix Bellardii Mss.
  »   6. Helix Bellardii var. occlusa Mss.
  »   7. Chondrus attenuatus Mss.
  »   8. Chondrus Truquii Bellard.
  »   9. Chondrus limbodentatus Mss.
  » 10. Clausilia virgo Mss.
  » 11. Neritina Bellardii Mss.
  » 12. Cyrena crassula Mss.

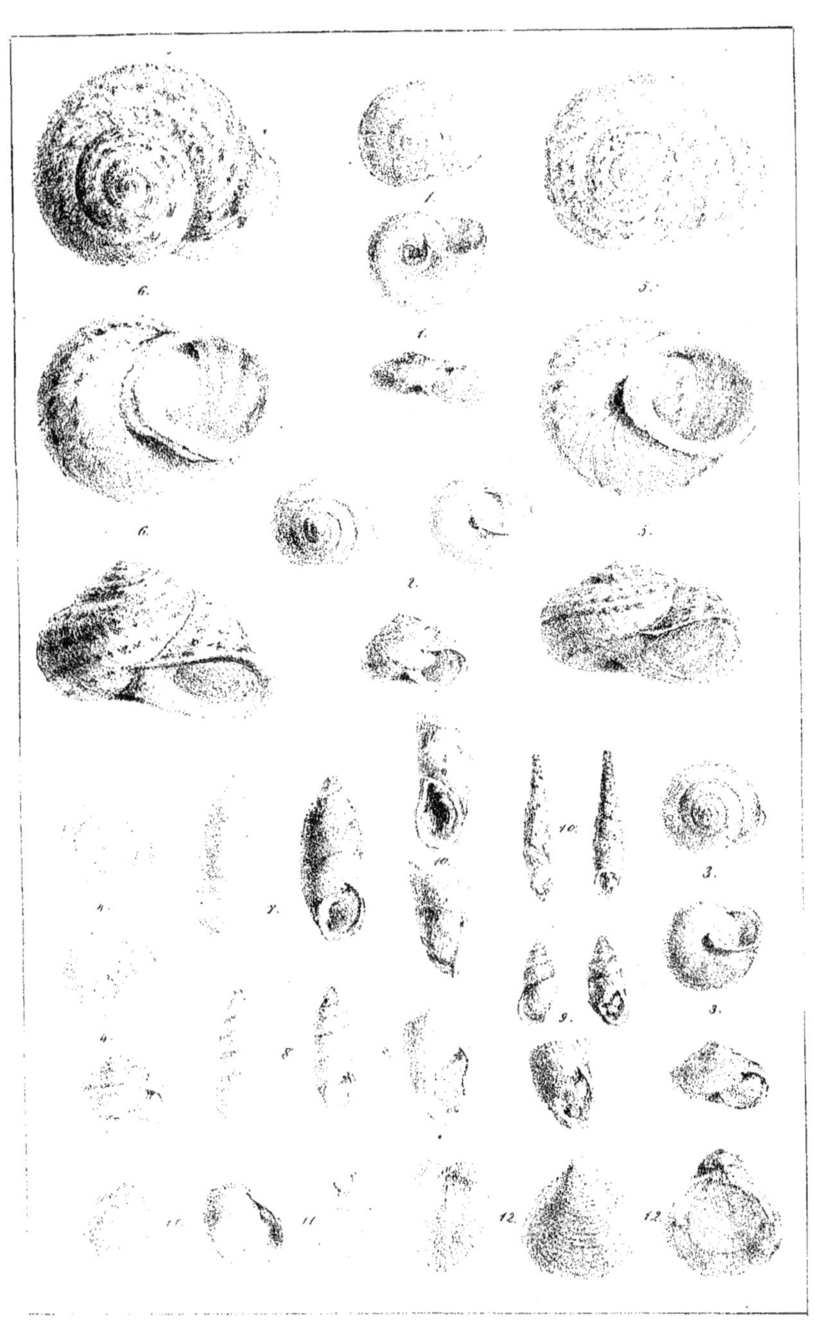